Müller-Schwarz/Weyer – Präsentationstechnik

Uli Müller-Schwarz
Bernhard Weyer

# PRÄSENTATIONSTECHNIK

Mehr Erfolg durch Visualisierung
bei Vortrag und Verkauf

Bearbeitet von
Rainer Kirsten

**GABLER**

CIP-Titelaufnahme der Deutschen Bibliothek

**Müller-Schwarz, Uli:**
Präsentationstechnik : mehr Erfolg durch Visualisierung bei
Vortrag und Verkauf / Uli Müller-Schwarz ; Bernhard Weyer. –
Wiesbaden : Gabler, 1991
   ISBN 3-409-18710-3
NE: Weyer, Bernhard:

Der Gabler Verlag ist ein Unternehmen der Verlagsgruppe Bertelsmann International.

© Betriebswirtschaftlicher Verlag Dr. Th. Gabler GmbH, Wiesbaden 1991
Lektorat: Ulrike M. Vetter

Höchste inhaltliche und technische Qualität unserer Produkte ist unser Ziel. Bei der Produktion und Verbreitung unserer Bücher wollen wir die Umwelt schonen: Dieses Buch ist auf säurefreiem und chlorarm gebleichtem Papier gedruckt. Die Einschweißfolie besteht aus Polyäthylen und damit aus organischen Grundstoffen, die weder bei der Herstellung noch bei der Verbrennung Schadstoffe freisetzen.

Die Wiedergabe von Gebrauchsnamen, Handelsnamen, Warenbezeichnungen usw. in diesem Werk berechtigt auch ohne besondere Kennzeichnung nicht zu der Annahme, daß solche Namen im Sinne der Warenzeichen- und Markenschutz-Gesetzgebung als frei zu betrachten wären und daher von jedermann benutzt werden dürften.

Umschlaggestaltung: Schrimpf und Partner, Wiesbaden
Satz: SATZPUNKT Ewert, Braunschweig
Druck: Wilhelm & Adam, Heusenstamm
Buchbinder: Osswald + Co., Neustadt/Weinstr.
Printed in Germany

ISBN 3-409-18710-3

# Dank

sagen wir den Freunden und Kollegen, die uns geholfen haben und naheste-hen: Claus Blickhan, Jürgen Böhm, Jochem Fendrich, Klaus Markgraf und Walter Simon. Durch sie hielten wir unser Konzept aktuell.

Dank auch denen, die mit uns als Trainer und Kooperations-Partner arbeiten; sie verfeinerten unsere Didaktik und trugen ebenfalls zur Veröffentlichung bei: Klaus-W. Böddeker, Wolfram Breger, Hans-Ulrich Krause, Michael Laske, Jürgen Lehmann, Jo Müller-Schwarz und Manuel Schön.

Rainer Kirsten hat uns gezeigt, was es heißt, gute Ideen verständlich darzu-stellen.

Ohne diese Partner wäre das Buch nicht entstanden.

# Was Sie mit diesem Buch erreichen können

Jeder Praktiker weiß:

Eine Idee, ein Konzept zu erarbeiten ist ein Kinderspiel im Vergleich dazu, die Realisierung auch durchzusetzen.

Ein Geheimnis der Durchsetzung von Ideen, Konzepten und Arbeitsergebnissen liegt in der gelungenen Präsentation. Hier entscheidet sich oft innerhalb einer Stunde, ob ein Ergebnis, das Sie – allein oder im Team – in Wochen, Monaten oder sogar Jahren erarbeitet haben, ankommt oder durchfällt.

Dieses Handbuch soll Ihnen dabei helfen, Ihre Ideen zu verkaufen – Fakten und Ergebnisse nicht nur kurz und bündig, logisch und konsequent, sondern auch

- leicht verständlich
- und vor allem entscheidungsreif

zu präsentieren. Es enthält die grundlegenden Werkzeuge für wirkungsvolles Präsentieren, die sich aus den Erfahrungen mit vielen Präsentationen als praxisgerecht herauskristallisiert haben.

Wir möchten Ihnen mit diesem Buch zeigen, wie man

- Präsentationen plant und vorbereitet
- unterschiedliche Zielgruppen wirkungsvoll anspricht
- mit den Reaktionen der Zuhörenden effektiv umgeht
- seine Vorschläge anschaulich und entscheidungsreif gestaltet
- und dabei Medien wirkungsvoll einsetzt.

Hierzu finden Sie Beispiele aus dem „Präsentations-Alltag" von Unternehmen und Organisationen.

Wenn Sie nach dem Durcharbeiten des Buches Lust bekommen, Ihr Wissen in einem Seminar zu erproben, und sich über die Arbeit der Autoren informieren möchten, finden Sie im Anhang dieses Buchs einen *ausführlichen Seminarablaufplan*, der aus der täglichen Trainingsarbeit entstand.

Auch an unseren Praxis-Präsentationen können Sie teilnehmen.

Schreiben Sie uns oder telefonieren Sie einfach:

Wirtschaftspädagogisches Institut
Adelheidstraße 13
3000 Hannover 1
Telefon (05 11) 85 45 35
Telefax 05 11-283 43 52

Parallel zum Buch sind mehrere *Video-Clips* zum Thema *Präsentieren* vorhanden. Sie sind *live* auf Workshops entstanden (mit der Zustimmung der Teilnehmer), deshalb haben sie den Reiz des *Wirklichen*. Die Clips können abgerufen und eingesetzt werden, z. B. vor, während und nach dem Studium dieses Buchs, oder Workshops und wichtigen Präsentationen im Leben unserer lieben Leser. Sie geben *ergänzende Hilfe.*

# Überblick über den Aufbau dieses Buchs

*Eine Präsentation ist weder Vortrag noch Diskussionsrunde. Wann etwas wie gesagt wird, unterliegt in einer Präsentation besonderen Gesetzen.*

*In diesem Teil zeigen wir Ihnen, wie Sie diese Gesetze anwenden können, um Ihre Präsentation vom Inhalt und Ablauf her entscheidungsgerecht zu strukturieren.*

*Die Überzeugungsarbeit in einer Präsentation ist im wesentlichen eine teilnehmerorientierte Kommunikation mit ständiger Rückkopplung zwischen Präsentierenden und Teilnehmern.*

*In diesem Teil finden Sie die wichtigsten Kommunikationstechniken, mit denen Sie die Zustimmung Ihrer Zuhörer erreichen und die Entscheidungsreife Ihrer Vorschläge herbeiführen können.*

# Teil 3

# Die Hilfsmittel Seite 137

*Moderne Methoden der Visualisierung führen nachweislich zu einer höheren Effizienz von Präsentationen.*

*In diesem Teil werden anhand vieler Beispiele Möglichkeiten dargestellt, Medien präsentationsgerecht zu gestalten und einzusetzen.*

# Inhaltsverzeichnis

Für den Profi-Nutzer zum schnellen Finden:

# Checklisten und Praxis-Tips

Damit dieses Buch auch nach dem Durcharbeiten Begleiter für Ihre Präsentations-Praxis wird, finden Sie hier eine Übersicht über alle Checklisten und Praxis-Tips zum schnellen Nachschlagen.

## 1. Die Strategie – der Weg zum Ziel

## 2. Die Überzeugungsarbeit

# 3. Die Hilfsmittel

14

# Teil 1:

# Die Strategie – der Weg zum Ziel

*„Gestern noch standen wir kurz vor dem*
*Abgrund – heute sind wir schon einen Schritt weiter!"*

(Aus dem Zitatenschatz eines unbekannten Präsentators)

# Was heißt das – „Präsentieren"?

Wir haben nicht die Absicht, Sie beim Start auf dem Weg zu einem exzellenten Präsentator mit wissenschaftlichen Definitions-Versuchen zu behelligen. Aber ein paar Gedanken darüber, was denn „Präsentieren" eigentlich bedeutet, lohnen sich schon, damit Sie nicht in die falsche Richtung laufen – siehe oben!

Sicher sind Ihnen auch schon auf Präsentationen diese zwei völlig unterschiedlichen Typen begegnet – gewissermaßen als Vertreter zweier völlig entgegengesetzter Auffassungen darüber, wie man „gut" präsentiert:

Der „Experte"     Das ist der Fachmann mit den guten Ideen, der der Ansicht ist, daß seine Ideen und Vorschläge für sich selbst sprechen. Er ist der Meinung, daß jede Überzeugungsarbeit oder gar „Werbung" überflüssig, um nicht zu sagen anrüchig sei. Am liebsten läßt er seine Fakten und Zahlen „für sich selbst" sprechen.

Der „Entertainer"     Er glänzt durch brillante Rhetorik, zündenden Witz und läßt eine beeindruckende, perfekte Multi-Media-Show abrollen. Die Zuschauer folgen seiner Darstellung fasziniert und spenden begeistert Beifall. (Einige fragen sich hinterher zwar, was eigentlich gesagt wurde – aber eine solche Frage erscheint angesichts der schönen Show fast schon ketzerisch!)

Jeder von uns ist wahrscheinlich schon irgendwann einmal Opfer eines mehr oder weniger ausgeprägten Exemplars dieser beiden Spezies geworden. Und diese Erfahrung ist beruhigend.

*Warum?*

Weil wir dadurch aus eigener Erfahrung wissen, daß man weder der Spezialist sein muß, der auf alle Fragen eine erschöpfende (im wahrsten Sinne des Wortes!) Antwort weiß, noch der brillante Rhetoriker, der seine Zuhörer mit Worthülsen erschlägt. Und das ist keine banale Erkenntnis. Denn sie bewahrt uns davor, auf dem Weg zu einer wirklich guten Präsentation die falschen Schritte zu tun – sich entweder mit Fakten vollzustopfen oder einen Rhetorik-Kurs zu besuchen, bevor Sie sich an eine Präsentation heranwagen:

> *Jeder kann präsentieren – wenn er weiß, worum es bei einer Präsentation eigentlich geht.*

Also – worum geht es eigentlich? Lassen Sie uns ein paar typische Beispiele für Präsentationen anschauen:

- Ein Unternehmen bewirbt sich um einen Großauftrag. Die Vorteile des eigenen Angebots gegenüber dem Wettbewerb müssen den entsprechenden Gremien klar präsentiert werden.
- Eine Kommune bemüht sich um Industrie-Ansiedlungen. Die Standort-Vorteile müssen überzeugend dargestellt werden.
- Ein Forschungsteam benötigt weitere Mittel, um die Arbeit fortsetzen zu können. Die bisherigen Ergebnisse und die sich daraus ergebenden Möglichkeiten müssen präsentiert werden.
- Ein Ingenieur hat einen Vorschlag für die Änderung des Herstellungsverfahrens zu machen. Die Vorteile des neuen Verfahrens müssen der Geschäftsleitung präsentiert werden.
- Sie wollen Ihrem Partner, der im Urlaub am liebsten im Mittelmeer in der Sonne liegt, einen Nordkap-Urlaub schmackhaft machen. Sie präsentieren Ihrem Partner Ihren Urlaubsplan.

Diese Beispiele sollen deutlich machen, daß es beim Präsentieren weder darum geht, Ihre Zuhörer mit Wissen zu versorgen, noch darum, sie gut zu unterhalten. In Präsentationen geht es einzig und allein um

## Entscheidungen!

Wenn Sie Ihre Ideen, Konzepte, Vorschläge, Arbeitsergebnisse oder Problemlösungsansätze präsentieren, soll doch am Ende immer eine Entscheidung stehen:

Sie wollen das „Ja" der Teilnehmer für Ihr Anliegen erhalten.

Sie wollen die Teilnehmer

- von der Brillanz einer Idee
- dem Nutzen einer Entwicklung
- der Notwendigkeit einer Maßnahme
- der Qualität einer Problemlösung oder eines Produkts

überzeugen.

*Überzeugen!*
*Nicht „brillant" informieren, nicht beeindrucken, nicht überreden!*

Denn was wollen Sie am Ende einer Präsentation erreichen? Doch nicht den Zuhörer, dem der Kopf vor lauter Zahlen schwirrt. Nicht den Beifall für eine gelungene Darbietung, die jeder Teilnehmer dankbar als Abwechslung vom grauen Alltag betrachtet, aber dann wieder seiner Wege geht. Nicht den kurzfristigen Beifall, sondern langfristige Zusammenarbeit – Menschen, die auch nach der Präsentation hinter Ihnen und Ihren Ideen stehen:

**Präsentieren ist Überzeugungsarbeit!**

Das ist der Kernpunkt, auf den es ankommt – der Leitgedanke, nach dem Sie alles, was Sie sich auf den folgenden Seiten aneignen können oder wollen, bewerten sollten!

*Der Beginn ...*

*... und das Ergebnis einer gelungenen Präsentation:*

## Was bewegt Ihre Zuhörer?

Daß der Prophet offenbar im eigenen Land wenig gilt – mit dieser oder einer
ähnlichen „Erklärung" haben Sie sich vielleicht schon einmal getröstet, wenn
Ihre Begeisterung für ein von Ihnen erarbeitetes Konzept im eigenen Hause nur
schwachen Widerhall fand.

> *Manchmal ist es aber gerade diese Begeisterung, die den Erfolg
> einer Präsentation verhindern kann!*

Wir wollen damit keineswegs sagen, daß keine Begeisterung für die vertretene
Sache vorhanden sein darf – ganz im Gegenteil. Aber in vielen erlebten
Präsentationen und auch bei Seminaren zur Präsentationstechnik hat uns immer wieder erstaunt, daß über der gekonnten Darstellung eines Sachverhalts oft
die *Zuhörer* schlichtweg vergessen werden.

21

*Es kann nämlich ein Handicap für die Darstellung Ihrer Sache sein, wenn Sie selbst (einer) der Urheber der von Ihnen vorgetragenen Ideen sind!*

Überrascht? Dabei ist es ganz einleuchtend: Sie sind natürlich von Ihrer Idee überzeugt. Sie kennen alle Details eines präsentierten Problems. Und Sie kennen natürlich auch alle überwundenen Schwierigkeiten, bis es zu einem präsentationsreifen Vorschlag kam. Sie haben diese Schwierigkeiten jetzt endlich gelöst. Sie sind stolz darauf – und das zu Recht.

In der Präsentation können Sie nun zeigen, was geleistet wurde. Und natürlich gehen Sie davon aus

– daß die Kenntnisse und die Begeisterung Ihrer Zuhörer fast so hoch wie bei Ihnen selbst sind
– oder daß Sie die Teilnehmer einfach auf die Höhe Ihres Kenntnisstands bringen müssen, damit sich die Begeisterung „von selbst" einstellt.

Das ist ein gefährlicher Trugschluß:

In den meisten Fällen interessieren sich Ihre Zuhörer weder für Ihre Schwierigkeiten bei der Lösung eines Problems noch für die Einzelheiten einer vorgestellten Lösung!

Ja – Ihre Zuhörer sind meist sogar so egozentrisch, daß sie noch nicht einmal die von Ihnen vorgetragene Sache selbst beschäftigt. Ihre Zuhörer interessiert einzig und allein

Nutzen
Vorteile
Anwendungsmöglichkeiten

*Darum geht es Ihnen:*

*Und darum geht es Ihren Zuhörern:*

## Ein grundsätzlicher Interessenkonflikt

*„Angst und Eigennutz bestimmen das Handeln des Menschen."*

Lassen Sie uns bitte nicht darüber streiten, ob dieser – Napoleon zugeschriebene – Satz so als allgemeingültig stehen bleiben kann. Aber an den Kern Wahrheit, den er sicher enthält, sollten Sie sich bei Ihrer nächsten Präsentation erinnern.

Noch einmal:

**Nur *Nutzen* und *Vorteile* sind für Ihre Zuhörer
interessant und motivierend!**

Und damit sind wir bei dem grundsätzlichen Interessenkonflikt, der zwischen Ihnen und Ihren Zuhörern bei einer Präsentation besteht – denn auch Sie wollen ja einen Nutzen, wollen Vorteile von Ihrer Präsentation haben:

Ihr Interesse: *Sie wollen eine Entscheidung in Ihrem Sinne herbeiführen.*

Zuhörer-Interessen: *Ihre Zuhörer wollen wissen, was sie von dieser Entscheidung haben.*

Diesen Interessenkonflikt zu lösen, muß das wichtigste Ziel Ihrer Präsentation sein. Und das heißt:

Für Ihre Zuhörer muß *erkennbar* sein (und das heißt, Sie können es gar nicht oft genug in einer Präsentation darstellen!):

*„Meine Sache, die ich Euch vortrage, dient Euren Interessen!"*

Wenn dieses Bild den Zuhörern am Ende Ihrer Präsentation vor Augen steht, dann haben Sie sie gewonnen:

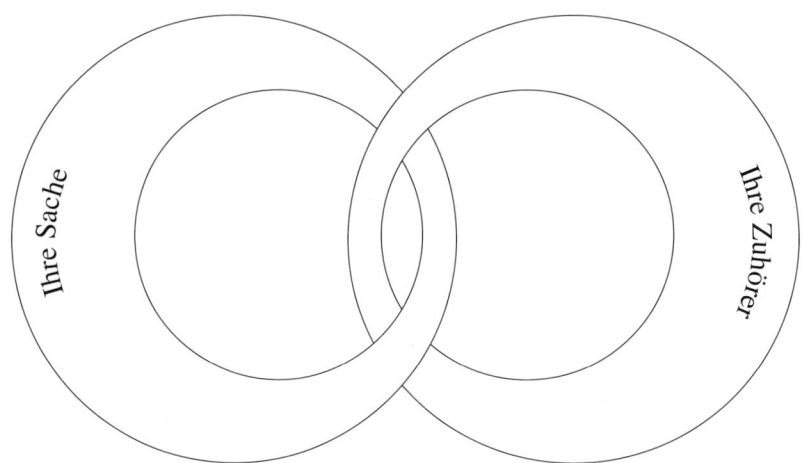

Bevor Sie sich also hinsetzen und anfangen zu überlegen, wie Sie Ihr Thema darbieten wollen, machen Sie sich zunächst einmal Gedanken über Ihre Zuhörer:

**Die Kenntnis der Interessen Ihrer Zuhörer ist die Voraussetzung für Ihren Präsentationserfolg.**

## Teilnehmer-Analyse

Wenn Sie bei dem Vorstand Technik um weitere Mittel für die Entwicklung eines neuen Produkts werben müssen, dann werden Sie ihn – vielleicht! – mit einer ausführlichen Präsentation aller technischen Details und einer Schilderung von überwundenen Entwicklungshürden beeindrucken können. Ist der Vertriebsvorstand aber Ihr Geldgeber, dann interessiert den all das wahrscheinlich wenig, wenn Sie ihm nicht zuerst die Absatzchancen möglichst plastisch ausmalen können.

*Teilnehmeranalyse vor der Präsentation zur Einführung einer neuen Produktserie*

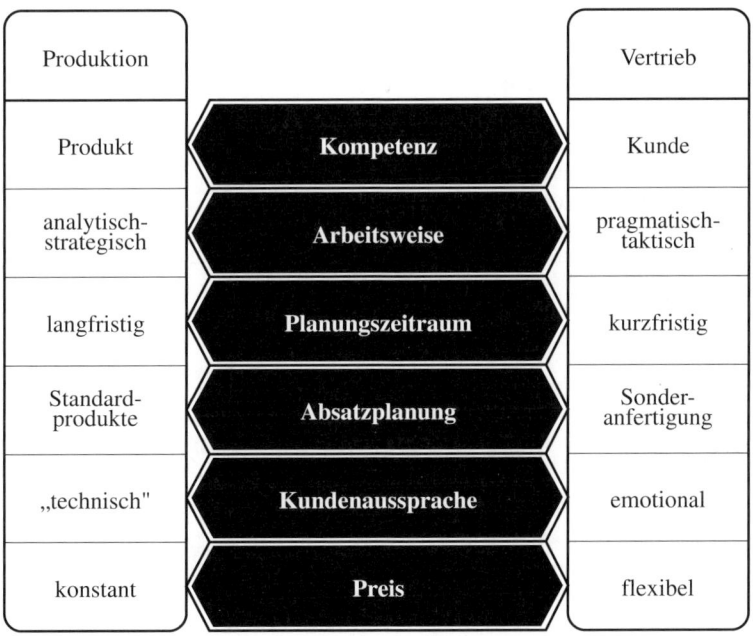

| Produktion | | Vertrieb |
|---|---|---|
| Produkt | **Kompetenz** | Kunde |
| analytisch-strategisch | **Arbeitsweise** | pragmatisch-taktisch |
| langfristig | **Planungszeitraum** | kurzfristig |
| Standard-produkte | **Absatzplanung** | Sonder-anfertigung |
| „technisch" | **Kundenaussprache** | emotional |
| konstant | **Preis** | flexibel |

In der Regel wird es aber so sein, daß das Gremium Ihrer Zuhörer unterschiedlich besetzt ist. Und dann wird es auch wahrscheinlich zwischen Ihren Zuhörern Interessenkonflikte geben. Das bedeutet für Sie:

*Sie müssen vor der Strukturierung Ihres Themas nicht nur die Interessen, sondern auch Widersprüche zwischen den Interessen Ihrer Teilnehmer möglichst präzise erfassen.*

Am besten machen Sie das in Form einer Matrix (s. S. 25).

Eine sorgfältige Analyse Ihrer Zielgruppe ist für Sie nicht nur wichtig, damit Sie sich *inhaltlich* auf Ihre Zuhörer vorbereiten können:

### Die Kenntnis der Zielgruppe beeinflußt auch Form und Methode Ihrer Präsentation!

Im folgenden haben wir einige wichtige Punkte, die den Teilnehmerkreis betreffen, aufgeführt, über die Sie sich vor der Präsentation Gedanken machen sollten, weil sie die Art der Durchführung beeinflussen.

Und da ein Bild meist mehr und schneller etwas sagt als tausend Worte (siehe Teil 3: Medien!), haben wir die Zusammenhänge jeweils zusätzlich graphisch dargestellt:

*1. Wissen über die Teilnehmer*

Je weniger Sie über Ihre Teilnehmer wissen, desto mehr müssen Sie darüber während der Präsentation selbst in Erfahrung bringen, damit Sie Ihre Zuhörer interessengerecht ansprechen können.
Tip: Die Zeit dafür bei der Präsentation einplanen!

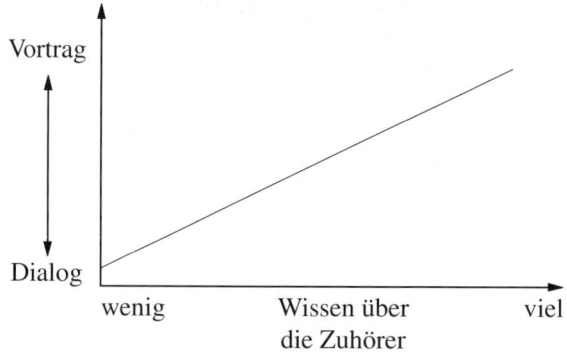

## 2. Größe des Zuhörerkreises

Je größer der Zuhörerkreis ist, desto weniger Dialog wird in der Regel möglich sein.

Berücksichtigen Sie: Der Zeitbedarf für Diskussionen steigt überproportional zur Zahl der Teilnehmer!

Erfahrungswert: Bei einer Gruppe von über zwanzig Teilnehmern keinen Dialog mehr einplanen – hier sollte am Schluß der Präsentation lediglich Gelegenheit gegeben werden, Fragen zu beantworten.

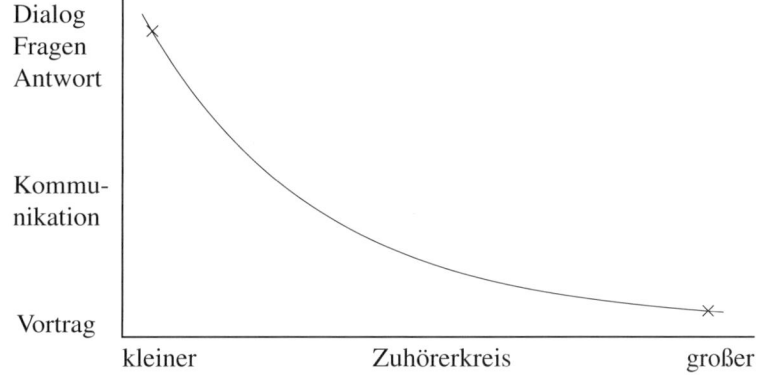

## 3. Sachkenntnisse der Zuhörer

Je geringer die Vorkenntnisse Ihrer Zuhörer sind, desto plastischer und intensiver muß für die Zuhörer Neues vermittelt werden.

(Auch hier wieder den erforderlichen Zeitfaktor einplanen!)

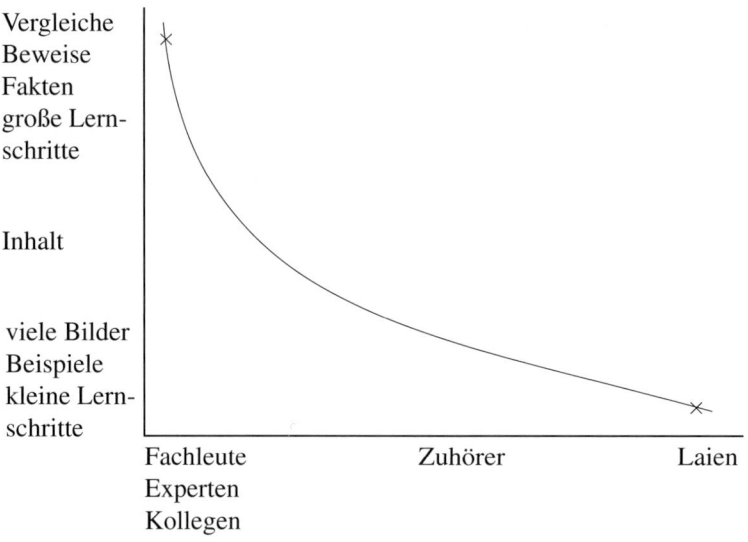

## 4. Position der Zuhörer

Je höher die Position Ihrer Zuhörer im Verhältnis zu Ihnen ist, desto mehr wird auch eine äußerlich „formvollendete" Präsentation von Ihnen erwartet.

Umgekehrt kann es vorteilhaft sein, bei Zuhörern auf gleicher Ebene bewußt „Handgemachtes" anzubieten:

Ihre Zuhörer haben dann das Gefühl, an der Entwicklung Ihrer Idee beteiligt zu sein und fühlen sich weniger überfahren.

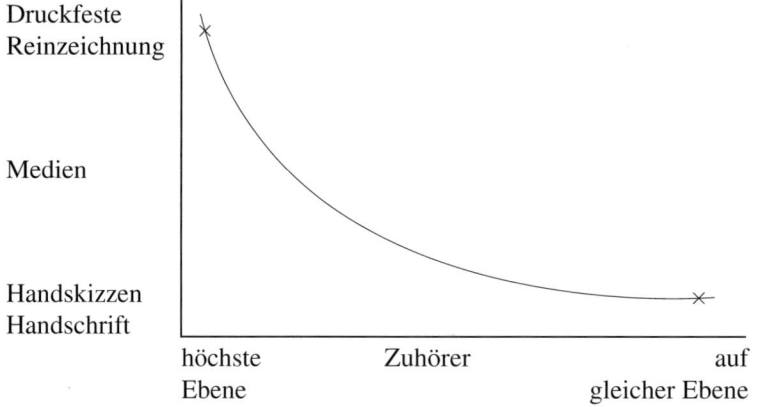

(Bei „perfekten" Unterlagen und Bildern entsteht leicht das Gefühl: „Hier kann ich nichts mehr ändern"!)

Und hier – zum Ende dieses Kapitels – nun die ersten versprochenen Checklisten und Praxis-Tips:

**Checkliste: Analyse der Zuhörer bei einer Präsentation**

*Wie setzt sich der Zuhörerkreis zusammen – wie homogen oder heterogen sind die Merkmale des Zuhörerkreises?*

– Altersgefälle
– Geschlecht
– Hierarchische Stellung im Betrieb
– Offenheit und Aufnahmefähigkeit gegenüber Neuem
– Gewohnheiten bei der Aufnahme von Informationen (Lerngewohnheiten)
– Verhältnis Theoretiker/Praktiker
– Verhältnis Kaufleute/Techniker

*Welche themenbezogenen Merkmale haben die Zuhörer?*

– Was wissen sie über das Thema bereits?
– Welche Einstellung haben sie zu dem Thema?
– Welche praktische Erfahrungen haben sie mit dem Vorgetragenen?
– Warum nehmen sie an der Präsentation teil? (Zum Beispiel motiviert oder nur „geschickt"?)

*Gibt es Interessenkonflikte zwischen den Zuhörern?*

– Unterschiedliche Fachgebiete
– Unterschiedliche Aufgabenbereiche
– Verschiedene Zielsetzungen

*Wie würde sich die Realisierung meiner Vorschläge für die Zuhörer auswirken?*

– Vorteile
– Nachteile

*Wer ist für den nachfolgenden Entscheidungsprozeß*

– ausschlaggebend?
– wichtig?
– unwichtig?

*Womit muß ich bei diesem Zuhörerkreis rechnen an*

– Vorurteilen?
– Empfindlichkeiten?
– Einwänden?
– Widerständen?

Welche

– Informationen
– Methoden
– Verhaltensweisen

*versprechen bei diesem Zuhörerkreis Erfolg – welche sollten besser vermieden werden?*

*Zum Beispiel*

– streng sachliche Informationen
– vorteilsbezogene Informationen
– Herausstellen von Wirtschaftlichkeitsaspekten

## Praxis-Tip: Teilnehmerkreis

1. Auswahl der Vortragenden
   Stellen Sie nach Möglichkeit den Inhalt der Präsentation, den Umfang und die Auswahl der Vortragenden auf das Niveau des Teilnehmerkreises ab – die Teilnehmer sollen sich im Vortrag und möglichst auch im Vortragenden „wiederfinden".

2. Größe des Präsentations-Teams
   Achten Sie auf ein angemessenes Größenverhältnis zwischen Teilnehmern und Präsentations-Team.
   Informieren Sie sich nach Möglichkeit über Art und Besonderheiten der entscheidenden Teilnehmer, und stellen Sie sich mit Art und Umfang Ihrer Präsentation darauf ein.

3. Zuhörer-Analyse

Tragen Sie eine Analyse der wichtigsten Zuhörer durch das Präsentations-Team zusammen:

Welche Hierarchie? Wie lange bestehen die Beziehungen zu Ihnen? Grad der Aufgeschlossenheit zum Problem? Wie weit beherrschen die Teilnehmer das Fachvokabular? Welche Demonstrations-Methoden sprechen am meisten an? Was sollte vermieden werden? usw.

4. Teilnehmer-Auswahl

Wenn der Auftraggeber die Auswahl der Teilnehmer vornimmt:

Stimmen Sie die Auswahl mit Ihrem Auftraggeber ab.

Versuchen Sie, die für die Realisation Ihres Vorschlags wichtigen Teilnehmer mit einzuladen.

5. Entscheider gewinnen

Gewinnen Sie nach Möglichkeit immer ein Mitglied der Geschäftsleitung als Teilnehmer.

6. Teilnahme sicherstellen

Lassen Sie sich kurz vor der Präsentation von den wichtigsten Teilnehmern die Teilnahme noch einmal bestätigen.

# Die eigenen Gedanken ordnen – aber wie?

## Ziele klären

Damit Sie Ihre gedanklichen Perlen nicht …(na ja, Sie wissen schon!), haben wir uns im vorangegangenen Abschnitt mit den Adressaten Ihrer Präsentation beschäftigt (damit Sie nicht die falschen Perlen …).

Aufgrund dieser Überlegungen haben Sie vielleicht schon eine ganze Menge Material ausgesondert – vielleicht Hintergrundwissen, „Historisches", das Sie Ihren Zuhörern *nicht* mitteilen werden. Aber wahrscheinlich liegt immer noch eine Fülle – vielleicht sogar eine Überfülle – von Stichworten, Themen, Schaubildern auf Ihrem Tisch – alles eigentlich wert, daß es mitgeteilt wird oder sogar werden muß.

Wie all dies in eine sinnvolle Ordnung bringen?

Und darüber hinaus: Wie, das heißt nach welchen Kriterien entscheiden, was *wirklich* wichtig ist zu sagen (denn im Verlauf Ihrer weiteren Planung werden Sie noch sehr schnell feststellen, daß Sie eigentlich die dreifache der geplanten oder der Ihnen zugedachten Zeit benötigten, um alles das unterzubringen, worüber Sie Ihre Zuhörer informieren möchten). Am besten gehen Sie bei Ihren Überlegungen nach dem folgenden Planungsschema vor:

**Planungsschritte zum gedanklichen Strukturieren eines Präsentations-Themas**

- Was soll
- mit welchem Ziel
- für welche Zielgruppe
- aufgrund welcher Vorgehensweise
- mit Hilfe welcher akustischer und optischer Mittel
- und unter welchen räumlichen und zeitlichen Bedingungen
  dargestellt werden?

Betrachten Sie dabei bitte die Reihenfolge der sechs Schritte in diesem Planungs-schema nicht als verbindlich – es soll Ihnen lediglich helfen, Ihre Überlegungen zu strukturieren. (In manchen Fällen wird es sogar angebracht sein, daß Sie Ihre Planung mit Punkt sechs – *räumliche und zeitliche Bedingungen* – beginnen, das heißt Inhalt und Methoden Ihrer Präsentation auf ein vielleicht sehr knapp bemessenes Zeitbudget und die Begrenzungen der vorhandenen Räumlichkei-ten abstellen müssen.)

Auch wir gehen aus praktischen Erwägungen jetzt in etwas veränderter Reihen-folge vor. Haben Sie also bitte noch etwas Geduld, wenn es jetzt immer noch nicht darum geht, *was* Sie sagen wollen. Denn was Sie sagen wollen, hängt entscheidend davon ab,

mit welchem Ziel

Sie es sagen wollen.


## „Geheime" Zielsetzungen

Damit Sie Ihre Präsentation systematisch vorbereiten und planen können, müs-sen Sie sich zunächst über die Ziele klarwerden, die Sie mit dieser Präsentation verfolgen. Und da Sie neben der vorgetragenen Sache immer auch sich selbst präsentieren, schlagen wir vor:

> *Werden Sie sich zu allererst über Ihre persönlichen, meist unbe-wußten Präsentationsziele klar.*

Denn wie wir alle, wünschen auch Sie sich – bewußt oder unbewußt – für Ihre Präsentation zunächst einmal persönliche Anerkennung:

die Anerkennung für Ihre eigene Leistung und die Ihres Teams, die Anerken-nung für die von Ihnen vertretenen Ideen und Standpunkte, die Bestätigung für sich selbst als Fachmann, die Bestätigung ganz einfach als „Mensch", als gleichwertiger Partner Ihrer Zuhörer.

Damit wir uns nicht mißverstehen:

Dagegen ist zunächst überhaupt nichts zu sagen, im Gegenteil: Diese persönli-chen Faktoren sind mitbestimmend für Ihren Präsentationserfolg, denn durch

34

sie werden Sie überhaupt erst motiviert, sich für die eigene „Präsentations-Show" zu engagieren.

Aber Vorsicht, wenn diese „geheimen" Zielsetzungen zu stark den Inhalt Ihrer Präsentation bestimmen!

> *Prüfen Sie Ihren Präsentationsplan also sorgfältig daraufhin, was vielleicht nur der eigenen Selbstdarstellung, der persönlichen Bestätigung, dem Stolz auf die vollbrachten Taten dient.*

Egoistisch, wie Ihre Zuhörer nun einmal sind, werden diese dafür in der Regel wenig Verständnis aufbringen!

Ihre erste Tat, Ihr Thema inhaltlich in den Griff zu kriegen, wird also unter Umständen darin bestehen müssen:

### Zunächst einmal rigoros eine ganze Menge streichen!

Mit Sicherheit werden Sie jetzt immer noch mehr als genug Punkte übrig haben. Ihr nächster Schritt wird wahrscheinlich darin bestehen müssen:

### Weiter streichen!

Und damit Sie entscheiden können, was Sie weglassen können und was nicht, sollten Sie Ihre sachlichen Präsentationsziele möglichst genau vor Augen haben.

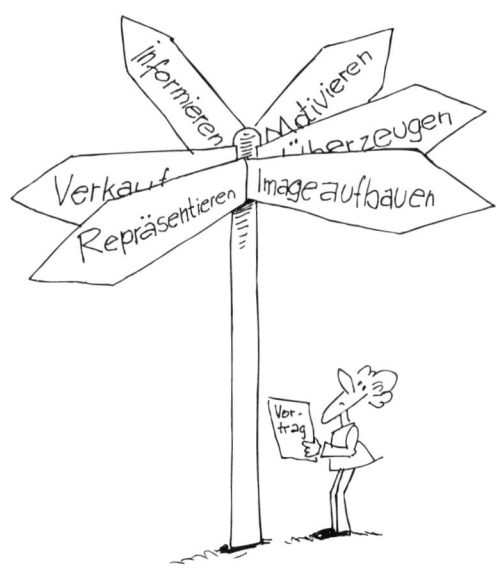

# Sachliche Zielsetzungen

Die sachlichen Zielsetzungen, die Sie mit Ihrer Präsentation verfolgen, können natürlich sehr unterschiedlich sein. Aber Sie erinnern sich: Bei allen Unterschieden in der Zielsetzung geht es letzten Endes in fast allen Fällen doch nur um eins:

Am Ende Ihrer Präsentation soll eine *Entscheidung* Ihrer Zuhörer stehen.

*Was bringt nun Menschen dazu, sich zu entscheiden?*

Wenn Sie diese Frage für Ihr Präsentations-Thema beantworten können, haben Sie schon halb gewonnen!

Es gibt zwar jede Menge schöne Entscheidungstheorien. Aber lassen Sie uns ganz pragmatisch vorgehen, um diese Frage zu beantworten. Am besten fragen Sie sich einfach: Wann entscheide *ich* mich für etwas? Sie werden schnell auf die vier wesentlichen Punkte kommen:

*1. Der Nutzen muß erkennbar sein.*

Und damit ist nicht irgendein abstrakter, allgemeiner Nutzen gemeint! Wenn möglich, müssen Sie vielmehr jedem Ihrer Zuhörer zeigen, welchen persönlichen Nutzen Ihr Vorschlag für ihn hat. „Was habe *ich* davon?" – diese Frage müssen Sie zufriedenstellend beantworten.

*2. Der Nutzen muß größer als der Aufwand sein.*

Auch hier geht es nicht um „objektive" Kosten, sondern um den *subjektiven* Aufwand, den jeder Ihrer Zuhörer für sich mit Ihrem Vorschlag verbindet. Nicht nur wenn es an ihr Budget geht, können Ihre Zuhörer empfindlich reagieren, sondern auch bei Fragen von Einfluß, Macht oder Prestige. (Seien Sie also vorsichtig, wenn Ihr Vorschlag zum Beispiel beinhalten sollte, die Zahl der Mitarbeiter eines Ihrer Zuhörer um die Hälfte zu reduzieren – auch wenn alle objektiven Tatsachen für Ihre Idee sprechen sollten!)

*3. Die Sicherheit der Lösung muß erkennbar sein.*

Auch wenn die Zigarettenwerbung das Gegenteil zu zeigen scheint – die meisten von uns sind keine Abenteurernaturen! (Nur ein geringer Teil aller Urlauber wählt jedes Jahr ein neues Urlaubsziel – die meisten fahren wieder dorthin, wo sie sich das letzte Jahr wohlgefühlt haben.) Liefern Sie also neben Ihrem Vorschlag nach Möglichkeit den Beweis gleich mit, daß dieser genau das richtige für Ihre Zuhörer ist. Und berücksichtigen Sie auch hier wieder den „subjektiven Faktor": So kann zum Beispiel das Zitieren einer von Ihren Zuhörern anerkannten Autorität wirksamer sein als seitenlange Rechenbeispiele!

*4. Entscheidungshilfen geben*

Auch wenn der Nutzen Ihrer Vorschläge für die Zuhörer einsichtig ist, der zum Realisieren erforderliche Aufwand minimal und Ihre Beweise schlagkräftig sind – verlassen Sie sich nicht darauf, daß Ihre Zuhörer gleich begeistert aus dem Saal stürmen, um Ihre Ideen nun in die Tat umzusetzen. Neben Begeisterungsfähigkeit sind auch Trägheit und Beharrungsvermögen menschliche Eigenschaften! Also: auch wenn die Schlußfolgerungen aus Ihrem Vortrag noch so offensichtlich sein sollten – beenden Sie Ihre Präsentation mit einer möglichst konkreten Aufforderung an die Teilnehmer zur Aktion. Am besten in Form eines entscheidungsreifen Vorschlags, in dem steht, wer wann was tun sollte. (Vergessen Sie dabei nicht: Ihre Zuhörer erwarten von Ihnen, daß Sie ihnen bei einer Entscheidungsfindung *helfen* – sie reagieren aber mit Unmut, wenn Sie versuchen, einer Entscheidung vorzugreifen oder sie sogar vorzuschreiben.)

# Ordnung in den „geistigen Zettelkasten" bringen

Arbeiten Sie nun die von Ihnen gesammelten Gedanken, Notizen, Stichworte noch einmal durch und überlegen Sie, wie Sie die eben beschriebenen vier Ziele erreichen wollen.

*Versuchen Sie jetzt noch nicht, allzu methodisch dabei vorzugehen!*

Notieren Sie einfach alles, was Ihnen zu den genannten vier Punkten einfällt. Versuchen Sie zu Anfang nicht, eine logische Ordnung in Ihre Notizen zu

*Vorgehen bei der Strukturierung eines Themas*

① Grobstruktur, Überblick

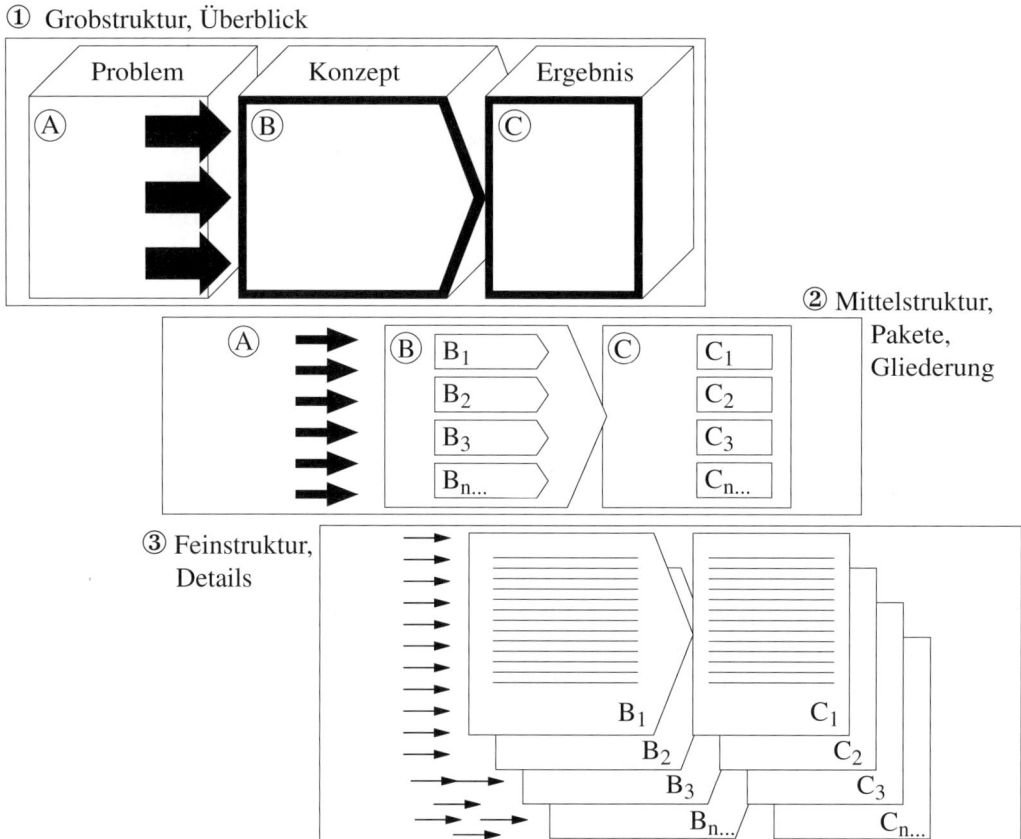

② Mittelstruktur,
Pakete,
Gliederung

③ Feinstruktur,
Details

*Erläuterungen zur Abbildung:*

*Es mag sein, daß gerade Ihr Thema andere Schubladen erfordert. Dann wählen Sie eben die Bezeichnungen, die für Sie besser zutreffen. Das in der Abbildung dargestellte Grundprinzip, zunächst eine einfache Dreiteilung des Themas vorzunehmen und die einzelnen Teile dann schrittweise zu verfeinern, sollten Sie aber beibehalten. Für die meisten Themen hat sich die folgende Unterteilung als praxisgerecht herausgestellt. Beachten Sie bitte, daß in jeder „Schublade" nicht nur Sachinformationen vermittelt werden sollen, sondern die persönlichen Interessen Ihrer Zuhörer angesprochen werden müssen.*

bringen. Durch Schule und Studium wurden wir zwar zu logischem Vorgehen erzogen – jetzt würde dies aber Ihre Kreativität nur einschränken.

Ein Prinzip sollten Sie dabei jedoch von Anfang an beachten:

**Jedes Ihrer Stichworte ist für einen eigenen Zettel
oder eine eigene Karteikarte gut!**

Wenn Sie dieses Prinzip beachten, kommen Sie am schnellsten von der Grobstruktur zur Feinstruktur Ihres Themas :

Im ersten Schritt verteilen Sie Ihre Stichwörter auf die drei „Schubladen"

– Problem
– Konzept
– Ergebnis.

(Die Bezeichnungen dieser drei Schubladen werden nach dem nächsten Absatz erläutert.)

Im nächsten Schritt untergliedern Sie dann zunächst Ihre Stichworte der Schublade „Problem". Erst dann, wenn Sie hier eine Struktur gefunden haben, ordnen Sie Ihre Schublade „Konzept" und danach die Schublade „Ergebnis". Wenn Ihr Thema sehr umfangreich ist, müßten Sie eventuell diese Schritte noch einmal wiederholen und Ihre „Unterschubladen" noch einmal untergliedern:

*„Problem":*

*In diese Schublade kommen alle Stichworte, die Ihren Zuhörern erläutern, warum überhaupt Handlungsbedarf besteht, zum Beispiel: Warum gibt es ein Problem? (Auch hier den „Beweis" nicht vergessen!) - Was hat der Zuhörer davon, wenn das Problem gelöst wird? (Auch hier schon den Grundsatz der Nutzenorientierung beachten!)*

*„Konzept":*

*Hier werden alle Stichworte untergebracht, die sich mit der Problemlösung und dem dafür benötigten Aufwand befassen.*

*„Ergebnis":*

*In diese Schublade kommen die Schlußfolgerungen aus A und B, zum Beispiel: Was ist zu tun? – Was sind die positiven Folgen (der Nutzen, die persönlichen Vorteile), wenn es getan wird? (Auch hier wieder nach Möglichkeit Beweise liefern!)*

## Von der Gedankensammlung zur Gliederung

Sie haben jetzt Ihre Präsentation gedanklich durchstrukturiert. Machen Sie aber nun nicht den Fehler zu glauben, daß diese Struktur den Ablauf Ihrer Präsentation darstellen *muß*:

Ihre Gedanken müssen Sie bei der Vorbereitung Ihrer Präsentation *logisch* ordnen. Der Ablauf Ihrer Präsentation muß dagegen

**psycho-logisch**

sein! Da Sie Ihre Ideen nicht vortragen, sondern *verkaufen* wollen, muß der Ablauf auch den Gesetzmäßigkeiten des Verkaufens folgen (s. S. 41).

Wie Sie im einzelnen Ihre Präsentation „verkäuferisch" aufbauen, hängt natürlich von Ihrem jeweiligen Thema ab, und wir können dazu keinen generellen Vorschlag machen. Daher wollen wir hier nur ein Beispiel für eine mögliche Ablauf-Gliederung geben. (Die einzelnen Punkte in diesem Beispiel sind als *Fragen* formuliert. Das Verwenden von Fragen anstelle von einfachen Überschriften in Form von Aussagen oder Stichworten hat den Vorteil, daß Fragen zum Nachdenken anregen und dadurch reaktivierend wirken. Solche Fragen können daher nicht nur für Sie selbst bei der Vorbereitung eine Hilfe sein – Sie können sie auch als Ablaufschema Ihren Zuhörern vorstellen.)

40

## Aufmerksamkeit wecken

## Vorteile aufzeigen

## Beweise liefern

## Entscheidung suchen

**Mögliche Gliederung eines Präsentations-Ablaufs durch Schlüsselfragen:**

*Problem:*

    *1. Wie lautet das Thema?*
    *2. Warum ist das Thema wichtig für die Zuhörer?*
    *3. Was ist das Problem?*
    *4. Wie hat sich das Problem ergeben?*
    *5. Wie sind die Zuhörer betroffen?*

*Konzept:*

    *6. Was kann getan werden?*
    *7. Welches sind die Alternativen?*
    *8. Wie sieht die zu treffende Wahl aus?*
    *9. Wie sieht die Lösung aus?*
    *10. Wie kommt die Lösung zustande?*
    *11. Warum ist es die beste Lösung?*
    *12. Was würde die Lösung bringen?*
    *13. Wieviel würde sie kosten?*

*Ergebnis:*

    *14. Wie sieht das Aktionsprogramm aus?*
    *15. Was wird vom Zuhörer erwartet?*

Wie gesagt, dies war nur ein Beispiel. Aber wie auch immer Sie Ihren eigenen Ablauf gliedern wollen: Vergessen Sie nicht, daß Nutzen und Vorteile für Ihre Zuhörer interessanter und motivierender sind als alle Fakten. Folgen Sie nicht der Logik, sondern der Psycho-Logik:

- **Erklären Sie erst, was man von Ihrem Vorschlag hat –**

- **erst dann, wie er funktioniert –**

- **und erst dann, welche Schwierigkeiten gegebenenfalls damit verbunden sind und welche Kosten entstehen.**

# Checkliste: Was gehört in den Ablauf einer Präsentation?

1. Einleitung:
   Anrede und Begrüßung
   Vorstellung, wer spricht
   Vorstellung, worüber gesprochen wird (Thema)
   Aufmerksamkeit und Interesse für das Thema wecken
   (Darstellung des Problems)
   Vorschau auf Ziele, Inhalt und Ablauf der Präsentation

2. *Hauptteil:*
   Grundaussagen und Einzelheiten (Was war, ist, wird sein?
   Welchen Einfluß hat A auf B? usw.)
   Thesen, Kernaussagen (mit Begründungen, Beispielen,
   Vergleichen zur Unterstützung)
   Nutzen und Vorteile (Wie werden Interessen der Zuhörer berührt?)

3. *Zusammenfassung:*
   Rückblick auf die Ausgangslage
   Schlußfolgerungen (gegebenenfalls Wiederholung der Kernaussage)
   Gegebenenfalls Ansprache noch offener Punkte

4. *Diskussion:*
   Was ist noch unklar?
   Wo gibt es Differenzen, wo liegt Zustimmung vor?
   Was ist das Wichtigste, was getan werden muß?

5. *Resümee:*
   Schlußfolgerung aus dem bisher Dargestellten, Gesagten
   Erinnerung an die Ziele, die erreicht werden sollen
   Gegebenenfalls noch ein besonderes Argument, das für die vor-
   geschlagenen Lösungen spricht
   Aufforderung zum Handeln
   Treffen von Vereinbarungen
   Ausblick: Wie geht es weiter?

*Was nicht in eine Präsentation gehört:*

- Entschuldigungen
- Kalauer
- Floskeln
- zu weit Hergeholtes
- erhobener Zeigefinger

- Übertreibungen
- Phrasen
- nicht bewiesene Behauptungen
- Rechtfertigungen
- Vermutungen

## Praxis-Tip: Worauf bei den Inhalten achten?

1. Einleitung
   Um die Aufmerksamkeit der Zuhörer in die gewünschte Richtung zu lenken, sollte man in manchen Fällen schon zu Beginn einen kurzen Überblick über die möglichen Lösungen angeben.

2. Ziele
   Am Anfang der Präsentation sollte deutlich herauszuhören sein, was man von den Zuhörern am Ende der Präsentation erwartet.
   Will man bestimmte Entscheidungen? Wenn ja, so muß man darauf vorbereitet sein, sofort einen Terminplan vorstellen zu können.

3. Lösungsvorschläge
   Es ist nützlich, wenn man alternative Lösungsvorschläge anbieten kann, so daß die Entscheider eine Ausweichmöglichkeit haben.

4. Alte Lösungen
   Es darf auf keinen Fall der Eindruck erweckt werden, daß die alte Lösung eine schlechte Lösung war, um die dafür Verantwortlichen nicht zu brüskieren.
   (Besonders Computer-Spezialisten neigen dazu, vorhandene manuelle Systeme herabzusetzen!)

5. Neue Lösungen
   Werden grundlegende Veränderungen vorgeschlagen, die neue Techniken beinhalten, so ist es wichtig – sei es auch nur ganz kurz – zusammenzufassen, worum es sich bei dieser Technik handelt und was sie bewirkt.

6. Argumente

Verfügt man über zahlreiche Argumente, um einen Vorschlag zu unter-mauern, so sollte man nur die wichtigsten hervorheben. Überargumentation kann gerade das Gegenteil von Überzeugung bewirken.

7. Kostenvergleiche

Wenn man die Kosten des vorhandenen Systems erwähnt, ist es unbedingt notwendig, daß man später auf diese Zahlen zurückkommt und Vergleiche anstellt zu den in der Zukunft erwarteten Kosten.

*„Lang genug, um das Wesentliche abzudecken –
aber kurz genug, um das Interesse wachzuhalten!"*

# Planung des Präsentations-Ablaufs

## Der menschliche Faktor

Bei der Frage, wie man ein Präsentationsthema gliedert, haben wir bisher hauptsächlich über sachliche Inhalte und über Logik gesprochen. Daß das nicht alles sein kann (maximal sogar nur 60 Prozent – siehe weiter unten!), wird spätestens dann deutlich, wenn man sich einmal an die sachlichen Inhalte, an die „Logik" der letzten spannenden Romane oder Filme, die man sich einverleibt hat, erinnert.

Am Ende wird der Täter gefaßt, die Liebenden „kriegen" sich. In der Vielzahl der Fälle also doch immer der gleiche Ablauf. Aber der gute Autor, der gute Regisseur schafft es immer wieder, uns in seinen Bann zu ziehen und den Eindruck zu vermitteln, wir erlebten etwas völlig Neues.

Wie entsteht dieses Phänomen? Das Geheimnis läßt sich schnell durch zwei Begriffe lüften, die auch für unsere Präsentation eine große Bedeutung haben:

**1. Dramaturgie**
**2. Beteiligung.**

Im Roman oder im Film wird die Dramatik, der Spannungsbogen des Geschehens durch die Konflikte der beteiligten Personen erreicht. Für eine Präsentation sind solche Konflikte natürlich nicht unbedingt ein erstrebenswerter Zustand. Aber einen Spannungsbogen können Sie auch durch eine geschickte Ablaufplanung Ihrer Präsentation erzeugen, zum Beispiel indem Sie:

- schon in der Einleitung eine überraschende Lösung ankündigen
- verschiedene Aspekte Ihres Themas durch jeweils ein anderes Teammitglied Ihrer Präsentationsgruppe beleuchten lassen
- oder durch Gegenüberstellen von These und Antithese.

Mit diesen und ähnlichen Mitteln können Sie einen Prozeß des Spannungsaufbaus erzeugen, der sich in den Köpfen der Teilnehmer abspielt. Fast noch wichtiger ist aber, daß Sie den Prozeß fördern, der sich *zwischen Ihnen und Ihren Zuhörern* entwickelt – den Prozeß, der Ihre Zuhörer von „Informationskonsumenten" zu *Beteiligten* macht.

*Wann werden Zuhörer zu Beteiligten, zu Betroffenen?*

Die Frage können Sie sich leicht selbst beantworten, wenn Sie sich daran erinnern, wann Sie sich selbst als Zuhörer engagiert haben: Eine Voraussetzung ist natürlich, daß Sie im behandelten Thema Ihre eigenen Interessen wiederfinden. Diesen Nutzengesichtspunkt haben wir schon mehrfach erwähnt.

> *Wirklich beteiligt bin ich aber nur dann, wenn ich mich an einer Sache – das Wort sagt es schon – beteiligen, d. h. daran mitwirken kann.*

Und damit diese Möglichkeit des Mitwirkens gegeben ist, muß in einer Präsentation neben dem sachlichen Überzeugungsprozeß ein menschlicher Prozeß stattfinden können, der von der ersten, oberflächlichen Kontaktaufnahme schließlich zum Konsens zwischen Ihnen und Ihren Zuhörern führt (s. Abb. S. 49).

Ein „Ja" Ihrer Zuhörer zu Ihren Ideen werden Sie erst dann erreichen, wenn Sie sich nicht nur im sachlogischen Prozeß schließlich getroffen haben, sondern wenn dieser Prozeß auf der menschlichen Ebene von wachsendem Verständnis und Vertrauen begleitet wurde.

Vergessen Sie nicht:

**Überzeugung ist ein Prozeß der gefühlsmäßigen Bejahung –**
**versteckt hinter der Fassade rationaler Argumentation!**

*(Dieter Heitsch)*

Im folgenden Teil 2 werden wir uns hauptsächlich mit dieser Überzeugungsarbeit beschäftigen. Für die Planung des Präsentationsablaufs heißt dies, daß Sie im Ablauf Ihrer Präsentation diesem Prozeß genügend Raum geben müssen!

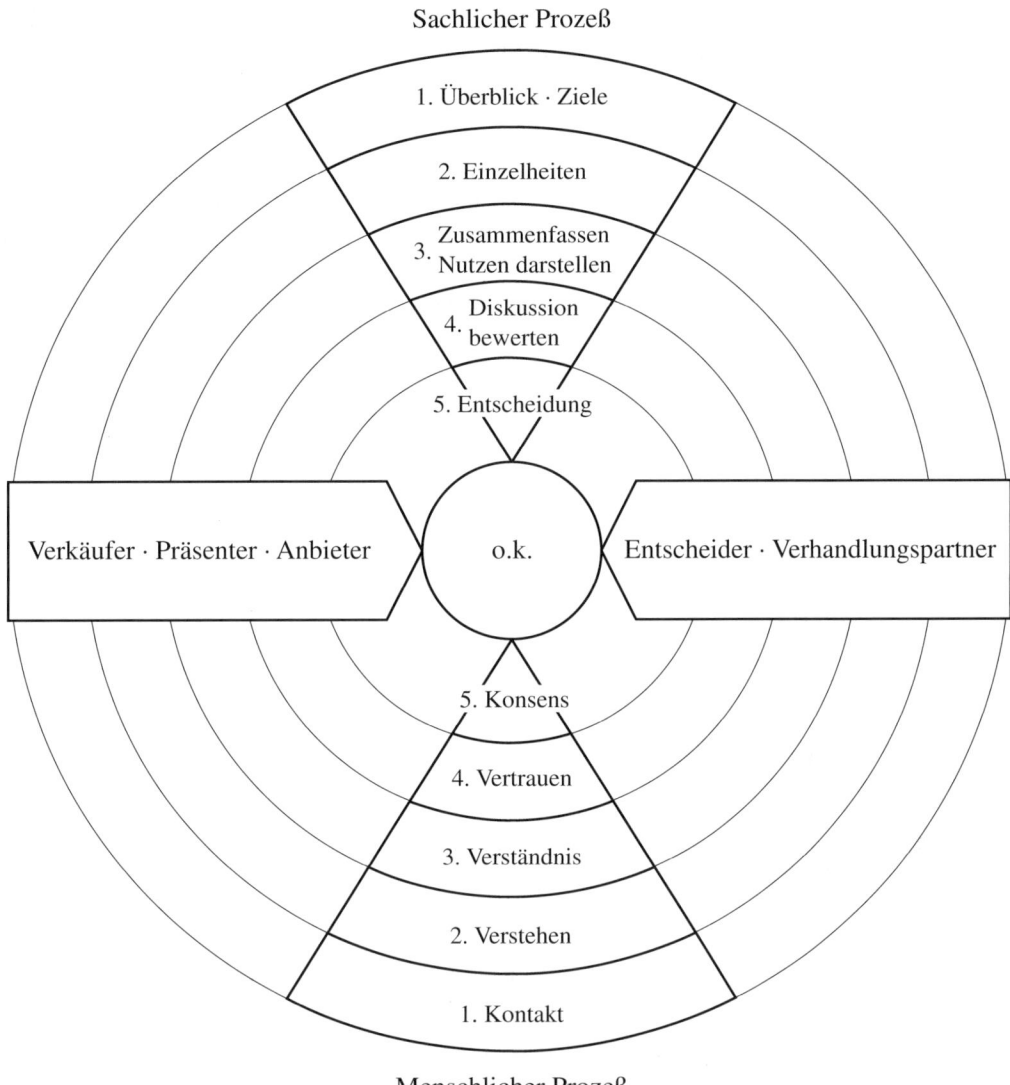

Sachlicher Prozeß

1. Überblick · Ziele

2. Einzelheiten

3. Zusammenfassen Nutzen darstellen

4. Diskussion bewerten

5. Entscheidung

Verkäufer · Präsenter · Anbieter

o.k.

Entscheider · Verhandlungspartner

5. Konsens

4. Vertrauen

3. Verständnis

2. Verstehen

1. Kontakt

Menschlicher Prozeß

Aus diesem Grund kommen wir auf die anfangs genannten maximal 60 Prozent für den sachlichen Teil Ihrer Präsentation. Die restliche Zeit müssen Sie für die Entwicklung des menschlichen Prozesses einplanen.

Und daher sind Einleitung, Diskussionsteil und Schluß Ihrer Präsentation keine „Pflichtteile", die man als notwendiges Übel schnell abhandelt, sondern gehören zur „Kür", die über die Note, die Ihnen Ihre Teilnehmer geben, und damit über den Erfolg Ihrer Präsentation entscheiden kann:

*Zeitliche Ablaufplanung (Durchschnittswerte!)*

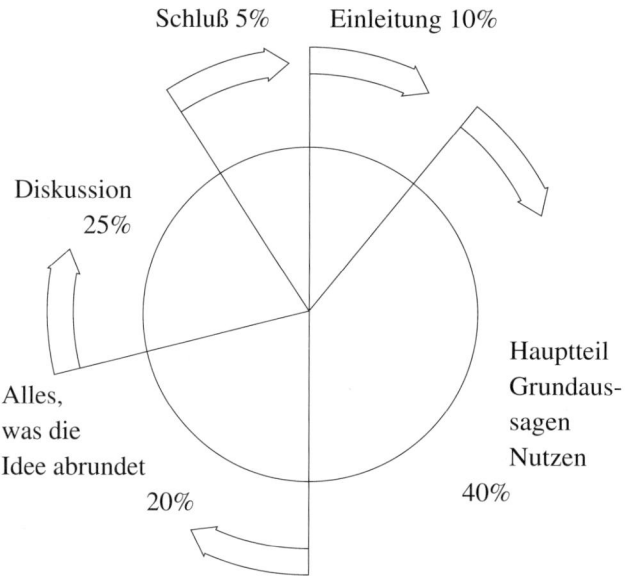

## Praxis-Tip: Planung des Präsentationsablaufs

1. Zeitbegrenzung
   Eine Präsentation ist keine „open end"-Diskussion, sondern hat eine klare Zeitbegrenzung, die auch bekanntgegeben werden muß.
   Je höher die Hierarchieebene, desto kürzer in der Regel die Zeit, die zur Verfügung steht. (Richtwert für Geschäftsleitungsebene: max. 1 Stunde)

2. Ablaufübersicht
   Sofort zu Beginn der Präsentation sollte eine Übersicht über den Ablauf und die geplante Dauer gegeben werden, gegebenenfalls auch über die angestrebten Ergebnisse („Was wollen wir in dieser Stunde erreichen?").
   Den Ablaufplan als „Wegweiser" durch die Präsentation für alle sichtbar separat aufhängen!

50

3. Zeitpunkt für Diskussionen
   Geben Sie gleich zu Beginn einen Hinweis, wie Sie sich den Zeitpunkt für Diskussionen vorstellen (am Ende der Präsentation, zwischendurch nach einzelnen Abschnitten, immer).

4. Orientierungspunkte einplanen
   Planen Sie Zeit für Zwischen-Zusammenfassungen und -Überblicke ein, besonders bei komplexen Themen oder bei Inhalten, die für die Teilnehmer neu oder unbekannt sind.

5. Fachbegriffe
   Gehen Sie davon aus, daß nicht jeder Teilnehmer die von Ihnen verwendeten Fachbegriffe oder Abkürzungen nach der ersten Erläuterung versteht. Um hier störende Zwischenfragen zu vermeiden, empfiehlt es sich, solche Begriffe mit Erläuterung gleich zu Beginn für jeden sichtbar an die Wand zu hängen.

6. „Zeitkontrolleur"
   Ein Teammitglied sollte während der Präsentation unauffällig die Einhaltung der Zeitplanung prüfen. Kleine unsichtbare Tips von dieser Seite für den jeweiligen Redner können das Timing sehr erleichtern. (Ggf. kleine Schildchen „Noch 3 Minuten", „Noch 1 Minute" vorbereiten!)

7. Schlußvereinbarung
   Nach der Präsentation nicht auseinandergehen, ohne das weitere Vorgehen abzustimmen.
   Die Vorbereitung einer entscheidungsreifen Vorlage kann diesen Prozeß sehr erleichtern.

*„Da ich keine Zeit habe, Dir einen kurzen Brief*
*zu schreiben, schreibe ich Dir einen langen!"*

# Die Vorbereitung

Natürlich ist das Verhältnis von Vorbereitung zu Durchführung einer Präsentation abhängig vom Schwierigkeitsgrad und der Komplexität des Themas. Es ist aber auch abhängig von der *Dauer* der Präsentation:

> *Je kürzer die Präsentation, desto länger muß – relativ zur*
> *Durchführungszeit gesehen – die Vorbereitungszeit sein!*

Es ist immer schwieriger, etwas „kurz" zu sagen: Es muß nicht nur genau herausgearbeitet werden, was wirklich wichtig ist – auch der Aufwand an Hilfsmitteln, um die Aussagen zu unterstützen und einprägsam zu machen, z. B. durch erläuternde Grafiken, nimmt zu.

Unterschätzen Sie daher gerade bei kurzen Präsentationen nicht die Zeit, die Sie für die Vorbereitung benötigen. Denn zur Vorbereitung zählen ja nicht nur die organisatorische Abwicklung, sondern all die Punkte, die wir in den vorangegangenen Abschnitten besprochen haben:

- Überlegungen zur Zielsetzung der Präsentation
- Analyse der Zusammensetzung und des Kenntnisstandes Ihrer Zuhörer
- Abstimmen der Inhalte auf die Interessenlage der Zuhörer
- Aufbau der Präsentationsstrategie
- Aufbau der Ablaufstruktur
- Auswahl der Informationen
- Festlegen der Informationslänge –

und schließlich müssen Sie

- Einstieg
- und Schluß

Ihrer Präsentation besonders vorbereiten.

Sie sollten daher in Ihren Projekten nicht nur die Zeit für die Präsentation selbst, sondern auch für die *Vorbereitung* einplanen – und zwar *genügend* Zeit!

*Richtwert für das Verhältnis von Vorbereitungs-*
*zu Durchführungszeit:*

*7 : 1.*

## Vorbereitung von Einstieg und Ende der Präsentation

Sie wissen aus eigenem Erleben, wie ein guter Einstieg in einen Film oder einen Roman Spannung aufbauen und die Erwartungshaltung für das Kommende positiv beeinflussen kann. Das gleiche gilt für eine Präsentation. Auch wenn Sie daher ein geübter Redner sind – verlassen Sie sich nicht darauf, daß Ihnen schon „das Richtige einfallen" wird (s. Abb. S. 55).

Der richtige Einstieg in die Präsentation entscheidet, worauf in den nächsten Minuten die Aufmerksamkeit Ihrer Zuhörer gerichtet ist.

Auch die Planung eines guten Einstiegs gehört daher zu Ihren Vorbereitungsaufgaben:

**Die ersten zehn Worte sind wichtiger als die nächsten**
**fünfhundert!**

Auch für Ihre Schlußworte gilt sinngemäß das gleiche. Um noch einmal die Analogie zum Film oder zum Roman zu bemühen: Sie wissen aus eigener Erfahrung, daß die letzten Bilder oder Worte besonders lange im Gedächtnis haften bleiben, den Eindruck des Ganzen abrunden oder auch noch einmal bestärken können.

Stellen Sie sich vor, ein Film oder ein Roman endet mit den Worten: *„Damit bin ich am Ende ..."* oder *„Kommen wir zum Schluß ..."* oder gar: *„Das war's – danke für Ihr Ausharren!"*

Warum benutzen dann aber viele Vortragende zum Schluß genau diese Floskeln, mit denen treffsicher der Wert des vorher Vorgetragenen abgewertet wird?!

*Vorschläge für den Einstieg:*

| | |
|---|---|
| Rhetorische Frage | *„Was ist das Wichtigste in diesem Jahr? ..."* |
| Aktuelles Ereignis | *„Heute stand in der Zeitung ..."* |
| Persönliches Erlebnis | *„Soeben wurde ich gefragt, ob... Hier ist die Antwort: ..."* |
| Schockauslösende Geschichte | *„Unser Unternehmen hat einen neuen Inhaber!..."* |

| | |
|---|---|
| Zitat | *„Keine Rosen ohne Dornen!"* |
| Vorstellungskraft anregen | *„Stellen Sie sich vor ..."* |
| Optischer oder akustischer Effekt | *„5 000 Sack Zement – die Ladung von hundert Lastwagen – sind in diesem Haus verbaut worden..."* |
| Anders als erwartet | *„Zwei Minuten dauert es, was ich zu sagen habe ..."* |

*Vorschläge für den Abschluß:*

| | |
|---|---|
| Zusammenfassen | *„Drei Nägel wollten wir fest einschlagen ..."* |
| Prognose | *„Dieses Ergebnis bedeutet für Sie alle ..."* |
| Gute Wünsche | *„Mit diesem neuen Programm sollen Sie noch erfolgreicher ..."* |
| Fortsetzung ankündigen | *„Bewahren Sie diesen Geist der Zusammenarbeit ..."* |
| Aufgaben verteilen | *„Das Engagement der Abteilung XY wird sicherstellen ..."* |
| Zielkontrolle | *„Zwei Schwerpunkte haben wir erarbeitet, die für Sie ..."* |
| Aufforderung zu Verbesserungsvorschlägen | *„Dies ist die Basis. Angereichert durch Ihre Vorschläge wird daraus ..."* |
| Ausblick | *„Die Zukunft wird bestätigen, daß Menschen wie Sie ..."* |

Auch der gelungene organisatorische Ablauf einer Präsentation kann mit dazu beitragen, Entscheidungen positiv zu beeinflussen.

Viele Kleinigkeiten können während einer Präsentation plötzlich zu großen Störungen werden – Kleinigkeiten, die mit wenig Zeit durch vorherige Organisation und Planung hätten vermieden werden können.

Investieren Sie daher die fünfzehn Minuten, um die folgende Checkliste etwa eine Woche vor Ihrer Präsentation durchzuarbeiten.

Das darin investierte Zeitkapital bringt Ihnen eine große Rendite. An die meisten Dinge werden Sie sicher schon gedacht haben. Aber die drei, die Sie im Termindruck vor einer Präsentation vergessen, können die lange Arbeit von Ihnen und Ihrem Team in der Präsentation vielleicht zunichte machen oder zumindest im schlechten Licht erscheinen lassen!

# Praxis-Tip: Vorbereitung einer Präsentation

## Das Präsentationsteam

1. Präsentationsprogramm
   Jedes Teammitglied sollte nicht nur das Präsentationsprogramm, sondern auch die Themenschwerpunkte kennen, um während der Präsentation klar unterscheiden zu können:
   Was interessiert? Was ist notwendig, daß es gesagt und dargestellt wird? Was ist Detail und kann bei Bedarf zur Verfügung gestellt werden?

2. Zielsetzung
   Jedem Teammitglied muß die Zielsetzung der Präsentation ganz deutlich und bewußt sein. Eine vorherige Absprache ist unbedingt erforderlich.

3. Aufgabenteilung
   Eine Aufteilung der Vorbereitungs-Arbeiten auf alle Teammitglieder kann die Vorbereitungszeit erheblich verkürzen.

4. Präsentations-Organisator
   Ein Teammitglied sollte als Präsentations-Organisator bestimmt werden. Er trägt dem Team gegenüber die Verantwortung für die technische Durchführung der Präsentation, Bereitstellung der Unterlagen usw.

5. Aufgabenverteilung
   Wenn möglich, sollten die einzelnen Abschnitte der Präsentation auf unterschiedliche Teammitglieder verteilt werden. Abwechslung erhöht nicht nur die Aufmerksamkeit, sie vermittelt auch den Eindruck von Kompetenz, wenn die Fachleute zu „ihrem" Thema referieren.
   In diesem Fall darauf achten, daß der Vortragende entsprechend vorgestellt wird.
   Nicht vergessen: Jeder Vortragende muß seinen *eigenen* guten Abschluß finden!

6. Protokoll
   Es muß *vor* der Präsentation klar sein, wer Protokoll führt.

7. Geschlossenes Auftreten
   Das Präsentationsteam soll geschlossen vor der Präsentation im Raum anwesend sein.

Damit besteht auch die Möglichkeit, daß jedes Teammitglied den wichtigsten Entscheidern, soweit noch nicht bekannt, vorgestellt werden kann. Auf jeden Fall sollten den Teammitgliedern die wichtigsten Entscheider vor der Präsentation bekannt sein!

## Hilfsmittel

1. Namensschilder
Bei größeren Gruppen, deren Mitglieder untereinander nicht alle bekannt sind, müssen Namensschilder erstellt werden. Sie erleichtern die persönliche Ansprache und die Diskussion wesentlich.
Nicht vergessen, auch für die Teammitglieder Namensschilder zu erstellen!

2. Schreibmaterial
Auch bei internen Besprechungen Notizblock und Kugelschreiber für jeden Teilnehmer auslegen. Es stört, wenn sich die Teilnehmer während der Präsentation mit Schreibgerät aushelfen müssen!

3. Unterlagen
Planen Sie für die Erstellung von Berichten und Handouts mindestens drei Tage Sicherheit ein, besonders wenn sie im zentralen Schreibbüro erstellt werden.

4. Demonstrationsmaterial
Denken Sie an die oft langen Lieferzeiten, wenn von Fremdfirmen Demonstrationsmaterial erstellt werden muß.

5. Technische Geräte
Wenn die Präsentation am Vormittag beginnt, lassen Sie technische Geräte am Nachmittag vorher anliefern. Prüfen Sie, ob sie auch angekommen sind, und probieren Sie sie rechtzeitig aus!
In großen Unternehmen auch das Hilfspersonal für den Transport rechtzeitig bestellen!

6. Verantwortungen
Wenn für die Organisation Ihrer Präsentation die Teilnehmer- bzw. Auftraggeber-Seite verantwortlich ist, dann sprechen Sie mit dem Betreffen-

den die technische Abwicklung genauestens ab (mit Terminplan!) und überprüfen Sie die Ausführung.

Bedenken Sie: Es hilft Ihnen nichts, wenn Sie nach einer technisch mißglückten Präsentation andere für Ihre Pannen verantwortlich machen können!

### Das „Wohlfühlen"

1. Betreuung
   Vergessen Sie nicht, daß Kopf und Bauch sich wohlfühlen müssen. Eine gute Stimmung fördert auch die Aufnahmefähigkeit.
   Seien Sie daher bei der Betreuung Ihrer Teilnehmer eher zu großzügig als zu sparsam!

2. Erfrischungen
   Lassen Sie notwendige Erfrischungen, soweit kalt, vorher servieren.
   Seien Sie großzügig mit der Verteilung dieser Erfrischungen im Raum, auch mit dem Bereitstellen von Keksen, Zigaretten usw., wenn Sie vermeiden wollen, daß die Teilnehmer sich während der Präsentation gegenseitig bedienen!
   Flaschenöffner, Streichhölzer, gegebenenfalls auch Zigarrenabschneider nicht vergessen!

3. Pausen
   Planen Sie im Ablauf ein (und geben Sie zu Beginn bekannt), wann Pausen gemacht werden (nach jedem Abschnitt, zu festen Zeiten, auf Wunsch).
   Ein Teammitglied bestimmen, das die Pausen überwacht, und dafür am Rednertisch nach Möglichkeit eine Uhr bereitstellen.
   Stimmen Sie sich ab, ob Sie eine Pause machen wollen, wenn frischer Kaffee gereicht wird, und planen Sie die Bereitstellungszeiten in Ihren Terminplan mit ein.

4. Wegräumen
   Tragen Sie organisatorisch Sorge, daß bei längeren Präsentationen gebrauchte Tassen und gefüllte Aschenbecher weggeräumt werden.

5. Essenszeiten
   Wenn möglich, vereinbaren Sie im Fall eines gemeinsamen Essens eine flexible Anfangszeit, da der zeitliche Ablauf in den wenigsten Fällen auf die Minute genau zu bestimmen ist.

6. Ansprechpartner
   Vergessen Sie nicht, zur Präsentation eine Liste der für den technischen Ablauf, Essen, Bedienung usw. zuständigen Ansprechpartner *mit Telefonnummern* mitzunehmen.

### Der Raum

1. Größe
   Richtwert für die Raumgröße: pro Teilnehmer ca. 3–5 qm.
   Vergessen Sie nicht, den Raum für die von Ihnen benutzten Medien mit einzuplanen.
   Wenn Pausenkaffee oder ein kaltes Büfett im Raum gereicht werden sollen, muß hierfür ein ausreichend großer separater Teil eingeplant werden.

2. Reservierung
   Reservieren Sie den Raum nicht nur für den Tag der Präsentation, sondern auch den Nachmittag davor.
   Bestellen Sie rechtzeitig (bei Hotels zu Messezeiten mindestens drei Monate vorher!) und holen Sie eine schriftliche Bestätigung ein.

3. Sitzordnung
   Wo sollen die wichtigen Entscheider sitzen? (guter Blick zu den Referenten bzw. zur Leinwand, nicht zu weit hinten, um sie besser ansprechen zu können)
   Wo sitzen die Teammitglieder, die gerade nicht referieren?
   Sind genügend Stühle vorhanden? Mag man eine Stunde darauf sitzen?
   Ist auch für nicht vorhergeplante Gäste genügend Platz reserviert?

4. Standort der Medien
   Sind alle technischen Geräte und Medien ohne „Umwege" durch die Reihen der Teilnehmer leicht zu bedienen?

Ist neben den Projektionsgeräten (Overhead-Projektor, Dia-Werfer usw.) genügend Platz zur Ablage von Folien, Dia-Kassetten und Vortrags-Manuskripten?

Können Leinwand, Flipchart und Monitor/Bildschirm von allen Teilnehmern gut eingesehen werden?

(Die Sitzanordnung nach Möglichkeit so ausrichten, daß der Blickwinkel zur Leinwand usw. nicht zu schräg wird, also am besten an der Schmalseite des Raumes aufstellen. Leinwand und Monitore nach Möglichkeit im dunklen Bereich des Raumes aufbauen.)

Es ist zweckmäßig, wenn das Präsentationsteam neben oder hinter sich noch einen Tisch oder einen Bord zur Verfügung hat, wo man Präsentationsmaterial und Unterlagen, die zum Verteilen gedacht sind, aufbauen kann und griffbereit zur Verfügung hat.

*Wenn Sie den Raum durch Hilfspersonal einrichten lassen oder in einem Tagungszentrum/Hotel bestellt haben:*

Lassen Sie sich einen Lageplan des Raums kommen und erstellen Sie eine Skizze, wie Sie den Raum eingerichtet haben möchten.

Überprüfen Sie dann auf jeden Fall aber den Raum *rechtzeitig* persönlich!

5. Elektroanschlüsse

   Vergewissern Sie sich, daß Elektroanschlüsse im Präsentationsraum vorhanden sind und orientieren Sie sich über deren Lage.

   Prüfen Sie auf jeden Fall vorher, ob an den Steckdosen auch Strom liegt, wo der Hauptschalter/Sicherungskasten ist bzw. ob Sie jederzeit das für die Raumtechnik zuständige Personal erreichen können.

   Besorgen Sie die für die technischen Geräte notwendigen Kabel, Verlängerungsschnüre und Mehrfach-Steckdosen rechtzeitig und probieren Sie vorher deren einwandfreie Funktion aus.

6. Licht und Luft

   Prüfen Sie, ob die Beleuchtung ausreichend und blendfrei ist. (Auf störende Reflexe von Beleuchtungskörpern auf Leinwand und Bildschirm achten!)

   Kann man den Raum verdunkeln bzw. die Helligkeit der Beleuchtung regeln?

(Bei Sonneneinstrahlung ohne jeden Schutz ist Overhead-Projektion nahezu unbrauchbar!)

Wo sind die erforderlichen Schalter – wie funktionieren sie?

Kann der Vortragende bei abgedunkeltem Licht sein Manuskript noch lesen?

(Gegebenenfalls separate Beleuchtung am Vortragstisch einrichten.)

Ist die Belüftung einwandfrei?

Verursacht die eingeschaltete Klimaanlage/Belüftung keine störenden Geräusche?

7. „Zu- und Abgänge"
Informieren Sie sich über die Lage von Waschräumen, Teeküche, Restaurant und Telefon. Geben Sie bei längeren Präsentationen den Teilnehmern zu Beginn entsprechende Hinweise.

Stellen Sie sicher, daß während der Präsentation Störungen vermieden werden.

(Türschild „Bitte nicht stören!" vorbereiten. Absprechen, ob und wann Telefonate in den Präsentationsraum durchgestellt werden sollen.)

Prüfen Sie, ob Sie den Raum während längerer Pausen abschließen können, wer dafür zuständig ist und ob Sie den Zuständigen schnell erreichen können.

*Wenn die Teilnehmer ortsfremd sind:*

*Lassen Sie an den Eingängen Hinweisschilder zum Präsentationsraum anbringen bzw. informieren Sie den Empfang.*

*Verschicken Sie gegebenenfalls rechtzeitig einen Anfahrtsplan an die Teilnehmer.*

## *Der Termin*

1. Terminabstimmung
Stimmen Sie den Termin nach Möglichkeit lange vorher ab. (Je mehr Teilnehmer, desto schwieriger die Terminabstimmung!)

Achten Sie beim Festlegen oder Abstimmen des Präsentationstermins darauf, daß keine Kollision mit anderen wichtigen Anlässen stattfindet (Messetermine, Urlaub, Feiertage).

Übrigens: Sie bekommen leichter eine Terminzusage, wenn Sie sofort sagen: „Dauer eine Stunde". Auf keinen Fall die Zeit unbegrenzt lassen!

2. Start-Zeitpunkt
Berücksichtigen Sie beim Festlegen des Präsentations-Beginns (und gegebenenfalls auch des Endes) an- und abreisende auswärtige Teilnehmer (Flugpläne, Züge, Fahrzeiten vom Flughafen).

Berücksichtigen Sie die menschliche Leistungskurve und Büro-Gewohnheiten (ungünstig unmittelbar nach dem Essen, Montag vormittag oder Freitag nachmittag, wenn sich die Eingangs- bzw. Ausgangspost gehäuft hat).

3. Erinnerung
Erinnern Sie alle Teilnehmer noch einmal kurz vorher an den Termin (Rückruf bei der Sekretärin, Memo).

### Probe-Präsentation

1. Inhalts-Check
Insbesondere bei großen und wichtigen Präsentationen sollten Sie immer eine Probe-Präsentation durchführen.

Laden Sie dafür möglichst problemfremde, „kritische" Kollegen ein. So erfahren Sie am schnellsten, welche Inhalte Sie gegebenenfalls noch ändern, kürzen, erweitern oder umstellen müssen.

2. Zeit-Check
Stoppen Sie auf der Probe-Präsentation die für die einzelnen Referate und Darstellungen benötigte Zeit.

Vergessen Sie nicht, genügend (von der Teilnehmerzahl abhängige) Zeit für Diskussionen und Beantwortung von Teilnehmerfragen einzuplanen!

3. Einwand-Brainstorming
Führen Sie zu jedem Punkt Ihrer Empfehlung ein Brainstorming durch: „Was kann dagegen sprechen? Welche Widerstände und Einwände werden wahrscheinlich kommen?"

Sie finden dadurch mehr als 80 Prozent der möglichen späteren Einwände und können ohne Druck, mit Hilfe aller Anwesenden, überzeugende Gegenargumente entwickeln.

# Teil 2:

# Die Überzeugungsarbeit

*Gesagt bedeutet nicht gehört.*
*Gehört bedeutet nicht verstanden.*
*Verstanden bedeutet nicht einverstanden.*

# Kommunikationsbarrieren

Einer der berühmtesten Redner des Altertums, der Grieche Demosthenes, litt unter einer Sprachstörung, bevor er seine Karriere begann: Er stotterte. Es wird berichtet, daß er sich bei seinen rhetorischen Übungen Kieselsteine zwischen Gaumen und Zunge legte und so das fließende Sprechen erlernte. Seine Stimmstärke soll er dadurch verbessert haben, daß er versuchte, mit seiner Stimme das Tosen der Meereswogen zu übertönen.

Wir ziehen den Hut vor soviel Zielstrebigkeit und Disziplin. Aber zum Vorbild sollte uns Demosthenes dennoch nicht werden. Rhetorische und demagogische Fähigkeiten mögen zwar geeignet sein, Massen spontan zu begeistern – die Präsentation hat aber ein anderes Ziel:

*Kommunikation statt Rhetorik!*

Im Gegensatz zur Rhetorik, wo der Schwerpunkt in der einseitigen Information liegt, findet in der Kommunikation eine gegenseitige Verständigung statt.

Aus eigener Erfahrung kennt jeder Kommunikation am Telefon. Das Problem von Informationsverlusten bei der Verständigung wird hier besonders deutlich.

Die Bandbreite unserer Stimme ist erheblich reduziert, und begleitende visuelle Informationen fallen ganz fort:

*Nur ein Teil der Information, die gesendet wird, wird auch empfangen.*

Trotzdem ist in der Regel eine einwandfreie Verständigung am Telefon möglich. Der Grund: Informationsübermittlung ist, aus der Sicht des Empfängers gesehen, kein passives Aufnehmen, sondern eine aktive Verarbeitung der empfangenen Informationen. Ohne daß wir uns dessen bewußt sind, ergänzt oder ersetzt unser Gehirn fehlende Inhalte. Es versucht die empfangene Information zu vervollständigen. Und das kann dazu führen, daß wir etwas ganz anderes verstehen als das, was „am anderen Ende der Leitung" beabsichtigt wurde:

*Wir empfangen Informationen, die (so) nie gesendet wurden!*

Woran dies liegt, wollen wir später noch untersuchen. Halten wir zunächst einmal diese Tatsache fest, die durch die folgende Abbildung veranschaulicht wird.

Die Abbildung macht deutlich, daß eine Nachricht auf dem Weg vom Sender zum Empfänger eine ganze Reihe von Hindernissen zu überwinden hat, bevor sie mehr oder weniger verzerrt dort ankommt.

Drei der wichtigsten Hindernisse werden wir nun genauer unter die Lupe nehmen – und natürlich auch, wie wir eine Nachricht besser über diese Hindernisse bringen können.

## „Gesagt bedeutet nicht gehört": Gewohnheiten der Informationsaufnahme

Befassen wir uns zunächst mit dem einfachsten Informationsvorgang Ihrer Präsentation: Die Informationen, die Sie zur Verfügung stellen, müssen Ihre Zuhörer erst einmal aufnehmen.

Nun ist das Grundmuster für die Art der Informationsaufnahme bei jedem Menschen festgelegt und oft sehr unterschiedlich ausgebildet. Dieses Grundmuster bestimmt auch die Ausprägung der Eingangskanäle für die Informationsaufnahme, d. h. über welche Sinnesorgane (Hören, Sehen, Fühlen, Riechen, Schmecken) Informationen hauptsächlich aufgenommen und verarbeitet werden.

> In unserem Kulturkreis sind wir zwar überwiegend visuell orientiert. Das darf aber nicht darüber hinwegtäuschen, daß viele Menschen Informationen mit ganz anderen Sinnen verarbeiten – sogar unabhängig davon, ob das Ausgangssignal nun ein Wort oder ein Bild ist. Wenn Sie diesen Satz lesen: „Ich sitze am Kamin und entspanne mich." – *sehen* Sie in der Hauptsache die Flammen im Kamin leuchten, oder *hören* Sie die Holzscheite knistern, oder *spüren* Sie sogar die Wärme des Feuers auf dem Gesicht? (Die Worte „Informationen *aufnehmen*" und „*begreifen*" geben Hinweise darauf, daß die Schwerpunkte unserer Wahrnehmung und Informationsverarbeitung früher hauptsächlich im Bereich des Fühlens gelagert waren.)

Natürlich wäre der Versuch aussichtslos, zunächst ermitteln zu wollen, welche Wahrnehmungs-Typen Sie unter Ihren Zuhörern haben. Daher bleibt Ihnen nichts anderes übrig, als bei der Übermittlung Ihrer Informationen alle möglichen Wahrnehmungs-Typen gleichzeitig zu berücksichtigen.

Die Konsequenz für Ihre Präsentation:

*Sie müssen Ihre Informationen gleichzeitig über möglichst viele Kanäle darbieten, damit alle Sinne Ihrer Zuhörer angesprochen werden.*

Vertrauen Sie nicht nur auf die Kraft Ihrer gesprochenen Worte. Machen Sie Ihre Ideen be-greif-bar.

- Zeigen Sie grafische Darstellungen und Bilder.
- Demonstrieren Sie Bewegungsabläufe am Modell.
- Geben Sie den Präsentationsteilnehmern Muster und Funktionsteile in die Hand.

## „Gehört bedeutet nicht verstanden": Vorerfahrungen und Erwartungshaltungen

Woran denken Sie, wenn Sie das Wort „Sicherheit" hören? An Ihr großes Auto mit eingebauter Sicherheitszone? An Wertpapiere auf der Bank? An Ihren Arbeitsplatz? Wir unterstellen hier einmal, daß die meisten von Ihnen mit dem Begriff „Sicherheit" etwas Positives verbinden. (Das ist unsere Erwartungshaltung!)

Aber: Stellen Sie sich einen jungen Mann vor, so etwa 18 bis 20 Jahre alt, der gerade im Begriff ist, sich von seinem Elternhaus zu lösen – der beginnt, sich seine Welt zu erobern, und sich gerade gestern ein schnelles Motorrad gekauft hat. Wie wird dieser junge Mann wohl reagieren, wenn er von seinen Eltern ermahnt wird, doch an „Sicherheit" zu denken?!

Zwei Menschen hören denselben Begriff – doch welche ganz verschiedenen Dinge werden dabei herausgehört, „verstanden"!

Besonders kraß können solche unterschiedlichen Interpretationen ausfallen, wenn diese Begriffe wichtige Schlüsselbegriffe sind.

Erinnern Sie sich also bitte immer daran, daß Schlüsselbegriffe, die Sie in einer Präsentation vermitteln (*„Sicherheit", „Fortschritt", „Kosten", „Mitbestimmung"...*) ganz unterschiedlich und oft unerwartet interpretiert werden können, je nach den Vorerfahrungen und Erwartungen Ihrer Teilnehmer:

> *Vorerfahrungen und Erwartungshaltungen können zu*
> *Wahrnehmungs-Scheuklappen und Denkbarrieren werden!*

Besonders stark können solche Denkbarrieren sein, wenn Sie versuchen, Ihren Zuhörern neue, ungewohnte Begriffe, Ideen oder Problemlösungs-Strategien vermitteln zu wollen.

Vergessen Sie nicht: Das Gewohnte ist zuerst einmal auch das Sichere, Vertraute. Neues wird nicht immer nur als interessant erlebt, sondern birgt auch Unsicherheit, löst unter Umständen sogar *Streß* aus.

Natürlich sagen Ihnen das Ihre Zuhörer nicht direkt, sie nehmen es in der Regel ja nicht einmal bewußt wahr. Aber Reaktionen wie „Haben wir alles schon probiert!" oder „Wir würden ja gern, aber..." oder was der bekannten „Killerphrasen" mehr sind, zeigen Ihnen, *daß* Sie Abwehr ausgelöst haben.

Berücksichtigen Sie also diese Kommunikationsbarrieren, wenn Sie nicht nur gehört, sondern auch *verstanden* werden wollen:

- Vermitteln Sie nicht zuviel Neues auf einmal.
- Ziehen Sie Vergleiche zu Bekanntem, schon Gewohntem.
- Und einigen Sie sich mit den Teilnehmern bei Schlüsselbegriffen darauf, wie Sie diese in Ihrer Präsentation gebrauchen wollen.
- Vermeiden Sie Abkürzungen, die nicht gebräuchlich sind.

## „Verstanden bedeutet nicht einverstanden": Die Zusammenarbeit von Verstand und Gefühl

Nehmen wir an, Sie haben die erste Kommunikationsbarriere glücklich überwunden, d. h. Sie haben Ihre Zuhörer auf allen Informationskanälen erreicht. Nehmen wir weiter an, Sie haben auch die zweite Klippe geschafft – Sie sind nicht nur gehört, sondern auch verstanden worden.

Wenn Sie von Ihren Zuhörern aber nicht nur verstandesmäßiges Verstehen, sondern Entscheidungen und *Zustimmung* zu Ihren Ideen erwarten, dann haben Sie eine der wichtigsten der Kommunikationsbarrieren noch vor sich:

> *Sie müssen nicht nur den Verstand, sondern auch das Gefühl Ihrer Zuhörer überzeugen!*

Haben Sie sich schon einmal einen Luxusgegenstand gekauft, den Sie sich „eigentlich" gar nicht leisten konnten, und anschließend viele Begründungen dafür gefunden, warum es doch eine „richtige" Entscheidung war?!

Dann wissen Sie aus eigener Erfahrung, wie Verstand und Gefühl bei Entscheidungen zusammenarbeiten:

*Getroffen werden Entscheidungen überwiegend mit dem Gefühl –*
*und erst anschließend mit dem Verstand begründet!*

Diese Tatsache werden viele Menschen nicht wahrhaben wollen. So werden auch Sie von Ihren Zuhörern in den wenigsten Fällen zu hören bekommen: „Ihre Idee gefällt uns nicht". Vielmehr wird es heißen: „Die Realisierung ist technisch nicht machbar" oder „ist zu teuer".

Über die Gefühle Ihrer Präsentationsteilnehmer werden Sie also in der Regel nur wenig erfahren. Das darf Sie aber nicht hindern, die Gefühle und Empfindungen Ihrer Zuhörer direkt anzusprechen, damit Ihre Idee über den „ersten positiven Eindruck" schließlich auch die „rationale" Akzeptanz erfährt.

Überwinden Sie die letzte Kommunikationsbarriere, die vor der Durchsetzung Ihrer Ideen steht:

- Argumentieren Sie weniger mit „Beweisen", sondern mit Wünschen!
- Scheuen Sie sich nicht, Erwartungen und Hoffnung zu wecken!
- Erzeugen Sie in den Köpfen Ihrer Zuhörer positive Bilder!

*„Wenn etwas nicht funktioniert,*
*nehmen Sie einen Hammer.*
*Funktioniert es immer noch nicht,*
*fragen Sie einen Ingenieur.*
*Im schlimmsten Fall:*
*Lesen Sie die Gebrauchsanweisung!"*

*(Rat eines amerikanischen*
*Verbraucheranwalts)*

## Sprache und Verständlichkeit

Steuerrichtlinien und Gebrauchsanweisungen demonstrieren uns fast täglich, daß Sprache nicht nur ein Mittel zur Verständigung ist.

Über eine möglichst unverständliche Sprache kann man sich als „kluger Kopf" profilieren.

Sie meinen, wir übertreiben?

Dann hören Sie doch einmal einem Durchschnitts-Redner zu, der unvorbereitet in einer Diskussion das Wort ergreift. Er fängt an irgendeinem Punkt an, verfolgt ihn eine Zeitlang, wechselt dann auf eine andere Fährte über, jagt durch Wortdickichte und verbeißt sich dann am Ende etwas atemlos in den Gegenstand seiner Betrachtungen.

Über diese „Wolfshund-Methode" werden Sie sich vielleicht schon oft geärgert haben. Aber nur die wenigsten Menschen können komplizierte Sachverhalte ohne Vorbereitung mündlich angemessen ausdrücken. Und den wenigsten ist es offenbar gegeben, ihre Sätze so zu Ende zu bringen, wie sie es sich vorgenommen haben. Ein abgebrochener Satz verspielt aber nicht nur die Chance, eine logische Aussage zu machen, sondern bedeutet auch eine drastische Einbuße an Verständlichkeit.

Wir sind nicht der Auffassung, daß eine brillante Rhetorik Voraussetzung für eine gelungene Präsentation ist. Andererseits meinen wir aber auch, daß man sich mit den üblichen Schwächen des gesprochenen Wortes nicht abfinden muß.

73

Die gewöhnliche Umgangssprache ist mit einigen Nachteilen behaftet, die durch Modewörter, Klischees, Abstraktionen und Schachtelsätze die Verständlichkeit und damit den Erfolg einer Präsentation gefährden können.

In den folgenden Abschnitten wollen wir daher versuchen, uns durch die Tükken des deutschen Wort- und Sprachgebrauchs zu kämpfen und die häufigsten Sprachtorheiten zu entlarven, die *jeder von uns* jeden Tag begeht, ohne darüber nachzudenken.

(Zum Trost sei erwähnt: Uns allen, die etwas sagen und informieren wollen, macht es die deutsche Sprache schwerer als die anderen europäischen Sprachen. Die Regeln des deutschen Satzbaus sind nicht nur für Ausländer kompliziert. Wenn wir Verwirrung schaffen wollen, müssen wir nur die Fülle, die uns die deutsche Grammatik bietet, richtig ausschöpfen!)

# Verständliche Worte finden

> *Wie viele Trugschlüsse und Irrtümer ... gehen auf Kosten der Wörter und ihrer unsicheren und mißverständlichen Bedeutung. Bisher hat man dieses Hindernis so wenig als Übelstand erkannt, daß man vielmehr die Kunst, es zu vergrößern, zum Gegenstand menschlichen Studiums gemacht hat, und diese Kunst hat manchem den Ruf der Gelehrsamkeit und des Scharfsinnes eingetragen.*
>
> *John Locke (1690):*
> *Untersuchungen über den menschlichen Verstand*

Unpräzise Wörter sind nützlich: Sie gestatten es jedem Politiker, mehrstündige Reden zu halten und dabei sicherzustellen, daß der Informationswert gleich Null ist. Sie gestatten es Experten, sich durch ihren Zunftjargon von den „unwissenden" Laien abzugrenzen.

(Und die Laien unterstützen leider oft dieses Spiel: Sie glauben, unwissend zu sein, und erkennen nicht, daß schlichtweg unverständlich informiert wurde, daß Sachverhalte mit einem Wortschwall zugeschüttet wurden.)

„Die ‚kaleidoskopische Polemik' um das Verständnis eines zwischen Methodologie und panstrukturalistischer Ideologie oszillierenden Strukturalismus vom Marxismus dominierte in den letzten Jahren die theoretische Szene in Frankreich und führte in der Schule Althussers zu dem Versuch, über die Assimilierung der Ergebnisse der Linguistik, Kybernetik und einer ihrerseits von linguistischen Aporien her interpretierten Psychoanalyse gegenüber den humanistischen Marxismus-Interpretationen eine ‚szientifizierte' Version marxistischer Theorie zu katalysieren."

(Der Täter – von „Autor" darf man hier eigentlich wirklich nicht mehr sprechen – war Karl Steinbacher, 1972: Sprache als Arbeit und Markt. Gefunden bei W. Schneider, 1983, S. 28.)

Solche Wortprozessionen sollten nicht beeindrucken, sondern informations-technisch als das verstanden werden, was sie eigentlich sind: unverständliches Hintergrundrauschen.

## Der Gebrauch von Eigenschaftswörtern

Es gibt die weitverbreitete Ansicht, daß vor jedem Hauptwort eine Lücke besteht, die unbedingt ausgefüllt werden muß. Zugestopft wird diese Lücke in der Regel mit Eigenschaftswörtern. So entstehen z. B. „dicke Trossen". Nun sind Trossen immer dick. Sind sie nicht dick, sind es ganz einfach Seile.

> *Zu viele Eigenschaftswörter spreizen einen Text, machen ihn um-ständlich und oft unverständlich.*

Zwingend ist ein Eigenschaftswort nur dort, wo es der Unterscheidung dient (das *rote* Auto dort – im Gegensatz zu dem blauen daneben) oder auch der Wertung (eine *gelungene* Präsentation).

Natürlich können Eigenschaftswörter „Farbe" in einen Text bringen, wenn sie bewußt eingesetzt werden. Zunächst aber sollten Sie bei jedem Satz, der mehr als ein Eigenschaftswort enthält, ein schlechtes Gewissen bekommen!

## Prägnanz gegen Redundanz

Es gibt Rhetoriklehrer, die die Auffassung vertreten, daß jedes Wort einer Rede notwendig sein sollte. Ihre Forderung ist die Prägnanz der Rede, also die Beschränkung auf das Wesentliche.

Wir meinen dazu – frei nach „Radio Eriwan": Im Prinzip ja, aber ...

Kürze, Prägnanz ist durchaus ein erfolgversprechendes Rezept für einen guten Vortrag. Eine gezielt eingesetzte Redundanz (laut Wörterbuch ein „Wort-über-hang", also die Erläuterung eines Sachverhalts mit mehreren sprachlichen Mit-teln) kann aber die Verständlichkeit erhöhen, den Text gegen Verstümmelungen absichern, Abstraktes anschaulich machen und das Behalten erleichtern.

Natürlich reicht es im Prinzip aus, wenn ich mich „für den nächsten Donnerstag" verabrede. Die meisten sagen aber durchaus richtig: „Also bis zum nächsten Donnerstag, am siebten!" Hier dient Redundanz der Sicherheit des Informationsaustauschs.

Neben solch einem notwendigen Wortüberfluß finden wir, wenn wir genau hinhören, aber viel mehr überflüssigen Überfluß!

Ärgerlich wird eine Redundanz dann, wenn sie – wie bereits schon erwähnt – aus einer Häufung von Füllworten und einem Überangebot an Eigenschaftswörtern besteht.

Haben Sie schon entdeckt, daß in dem durch die Gedankenstriche eingeschlossenen Nebensatz des letzten Satzes ebenfalls zwei Wörter („bereits schon") absolut überflüssig waren?! Natürlich pflegen wir dies sonst gewöhnlich nicht zu tun. Wobei wir uns bei der letzten Aussage wieder fragen können, ob die Worte „sonst" und „gewöhnlich" nicht ebenfalls überflüssig sind: „pflegen" allein wäre völlig ausreichend gewesen.

Soviel zur ständigen Gefahr, in Pleonasmen zu verfallen! Aber man sollte vielleicht auch nicht zu puristisch sein!


*Was sind „verständliche" Wörter?*

Vielleicht sind Sie auch der Meinung, daß man in einem verständlichen Text möglichst wenig Fremdwörter benutzen sollte. Dann haben Sie sich sicherlich über den „Pleonasmus" und das „puristisch" geärgert. Wir geben auch gern zu, daß die meisten Fremdwörter durch deutsche Worte oder Wortschöpfungen ersetzbar sind, und überlassen es daher Ihrem Urteil, ob die entsprechenden deutschen Ausdrücke angebrachter gewesen wären (*Pleonasmus: „überflüssiger Zusatz"; Purismus: „Reinigungseifer" bzw. „Sprachreinigung, Fremdwortausmerzung"; nach Mackensen: Deutsches Wörterbuch*).

Wir sind nicht der Meinung, daß man Fremdwörter ganz ausmerzen sollte oder kann. Oder möchten Sie „Ironie" lieber durch „versteckten Spott" übersetzen, statt „Laser" lieber „Gerät zur Erzeugung einwelliger, gleichgerichteter Lichtstrahlen" sagen?

Im Zweifel sollten wir der Empfehlung von Voltaire folgen (Ratschläge für Journalisten, 1737):

*Verwende nie ein Wort, sofern es nicht drei Eigenschaften besitzt:*

*Es muß notwendig, es muß verständlich, und es muß wohlklingend sein.*

Auch *Synonyme* (der Gebrauch unterschiedlicher, sinnverwandter Begriffe für denselben Gegenstand) sollten Sie sparsam einsetzen.

In der Schule haben wir zwar gelernt, dasselbe Wort nicht mehrfach hintereinander zu verwenden. Diese Regel mag für den deutschen Schulaufsatz gelten. In der Präsentation stellt sie aber einen Anschlag auf die Verständlichkeit dar. Hier gilt:

*Nicht Abwechslung, nur Wiederholung schafft Verständlichkeit.*

Und schließlich erleichtern wir unseren Zuhörern Orientierung und Verständnis, indem wir für den Gebrauch unserer Wörter die Regel beherzigen:

**kurz – konkret – bildhaft!**

Konkrete und bildhafte Wörter sind leichter verständlich als abstrakte Begriffe. So ist z. B. „Regen" viel konkreter als „Niederschläge" – die außerdem auch noch beim Boxen vorkommen!

Darüber hinaus hat das Wort „Regen" den Vorteil, daß es kürzer ist als „Niederschläge". In vielen Untersuchungen konnte eindeutig nachgewiesen werden, daß kurze Wörter viel besser verstanden werden. Aus diesem Grund sprechen wir von „Auto" statt von einem „Personenkraftwagen". Auch „Wetter" ist verständlicher als „Witterungsgeschehen" – was offenbar immer noch nicht zu vielen Meteorologen durchgedrungen ist.


*Beleben Sie Ihre Rede: durch Verben*


Was finden Sie besser? Daß demnächst wieder die Sonne scheint? Oder daß eine „Aufklärung zu erwarten" ist?

78

Einfache Verben geben an, wer was tut. Sie benennen Handlungen und Ereignisse, die passieren oder passiert sind.

*Verben fangen Abläufe ein und bringen Dynamik in einen Text.*

Für Bürokraten stellen Verben eine unübersehbare Herausforderung dar, da sie sich dem Bestreben einer statischen und geordneten Abbildung der Wirklichkeit widersetzen.

Beunruhigend ist für diese Schreibtischtäter auch, daß ein Verb angibt, wer etwas tut. Damit es leichter fällt, jede Verantwortung von sich zu weisen, wurde die Aufblähung und Substantivierung des Verbs zur Meisterschaft entwickelt.

> Anstatt daß etwas vorgelegt wird, wird eine Sache zur Vorlage gelangen. Es wird nicht über etwas nachgedacht, sondern „in Erwägung gezogen". Und Sie werden keinen Bürokraten finden, der persönlich eine Bestimmung anwendet. Statt dessen wird in Ihrer Sache immer eine Ausführungsbestimmung *Anwendung finden*.

Keiner kann da verantwortlich gemacht werden. Die Vorschrift ist schuld – sonst niemand!

Ein weiteres beliebtes Folterinstrument der Bürokraten:

> „Hat der Erbe von der Überschuldung des Nachlasses Kenntnis erlangt, so hat er unverzüglich die Eröffnung des Konkursverfahrens oder, sofern nach § 113 der Vergleichsordnung ein solcher Antrag zulässig ist, die Eröffnung des gerichtlichen Vergleichsverfahrens über den Nachlaß zu beantragen ...(BGB § 1980)

Welch schreckliche Vorstellung, daß man diesen Sachverhalt auch verständlich formulieren könnte, z. B. so:

> Erfährt der Erbe von der Überschuldung des Nachlasses, muß er ein Konkursverfahren oder ein Vergleichsverfahren eröffnen.

> Die Voraussetzungen für einen Vergleich sind im § 113 der Vergleichsordnung geregelt.

## Vom Gebrauch der Zeiten

Wann soll welche Zeit verwendet werden?

Die Grammatik bietet uns einen bunten Strauß von Zeiten an, die teilweise sehr holprig und umständlich klingen. Die Ursache liegt wahrscheinlich darin, daß unserer deutschen Sprache die lateinische Grammatik übergestülpt wurde.

Wir kommen im Deutschen eigentlich mit drei Zeitformen eines Verbs aus: dem Präsens (Gegenwartsform), dem Perfekt (abgeschlossene Vergangenheit) und dem Imperfekt („einfache" Vergangenheit). Die übrigen möglichen Zeitformen werden in der Umgangssprache kaum verwendet bzw. mit den drei angegebenen Zeitformen umschrieben.

In unseren Vorträgen verwenden wir meist unbewußt Perfekt oder Imperfekt. Der Grund liegt in unseren Lesegewohnheiten, denn Perfekt und Imperfekt sind die Zeitformen der Romanschreiber.

Wenn wir unsere Zuhörer aber mit einer farbigen Schilderung packen wollen, dann sollten wir dies – unter anderem – durch den bewußten Gebrauch des Präsens tun.

- Die Gegenwartsform läßt uns einen Vorgang erleben.
- Sie ist anschaulich.
- Sie bindet uns an einen Vorgang.


## Worte zum Anfassen

Substantive sind dafür da, konkrete Dinge und Ereignisse möglichst einfach und eindeutig zu bezeichnen. Ein Spiegel ist ein Spiegel und kein kristalliner Personenreflektor. Leider setzt sich diese Erkenntnis nur selten durch, wie die Begeisterung für wolkige und abstrakte Begriffe zeigt.

> *„Wer in einer Großstadt wohnt, muß damit rechnen, krank und verrückt zu werden."*

Das ist ein Satz in verständlichem Deutsch. Zu verständlich, wie es scheint. Nach wissenschaftlicher Bearbeitung klingt der Satz wesentlich beindruckender:

*„Der Verstädterungsprozeß, bedingt durch die Vermassung, hat es mit sich gebracht, daß vegetativ-psychosomatische Störungen im Individualbereich an Aktualität gewinnen."*

(Frei nach R.W. Leonhardt, DIE ZEIT vom 5.12.1980)

Substantive sollen verständlich und treffend sein. Kein Mensch spricht von einem „ordnungswidrigen Gegenfahrbahnbenutzer", sondern von einem Geisterfahrer. Und dies zu Recht. Der ordnungswidrige Gegenfahrbahnbenutzer hat elf Silben, der Geisterfahrer begnügt sich mit vier.

Je länger ein solcher Silbenschleppzug wird, um so unübersichtlicher und unverständlicher wird er.

Das gleiche gilt für den Abstraktionsgrad eines Wortes. Je abstrakter ein Begriff ist, desto unanschaulicher wird er.

Begriffe, die man aber nicht anfassen kann, werden sehr schnell zu Allgemeinplätzen, aus denen man alles und nichts entnehmen kann. Das kann natürlich seine Vorteile haben, wie sich aus solchen Begriffen wie „soziales Umfeld" oder „Motivationsstruktur" unschwer entnehmen läßt.

Politiker haben in der Verwendung von Allgemeinplätzen eine Perfektion erreicht, die neidlos anerkannt werden muß. Daß sie dann allerdings in Gefahr geraten, mit ihrer eigenen Sprache Verständnisschwierigkeiten zu haben, demonstriert das folgende Gespräch eines Sohnes mit seinem politiktreibenden Vater:

„Papa, unser Lehrer hat mir heute zu verstehen gegeben, daß er nicht ausschließen will, daß ich das Klassenziel unter den derzeit gegebenen Umständen möglicherweise nicht voll erreichen könnte. Er hat dabei angedeutet, daß dieses besonders im fremdsprachlichen Bereich auch durch einen Mangel an gezielten Maßnahmen meinerseits verstärkt worden sei. Außerdem hat er durchblicken lassen, auch andere Lehrer hätten ihm signalisiert, meine verbale Beteiligung sei noch außerordentlich ausbaufähig."

Der einigermaßen erschütterte Vater verlor schnell die sonst übliche Zurückhaltung. „Soll das heißen, daß du sitzenbleibst, weil du in Englisch und Latein nichts getan hast und dich insgesamt zu wenig am Unterricht beteiligst?"

„Diese Formulierung, Papa, ist sicher überspitzt. Ich würde meinen, daß die auf uns zukommenden Probleme auch durch eine sehr undifferenzierte Analyse meiner Zurückhaltung seitens der mich unterrichtenden Lehrer zu erklären ist. Natürlich übersehe ich dabei nicht, daß mir unreflektiertes Auswendiglernen von Wörtern einer fremden Sprache, die völlig beziehungslos nebeneinanderstehen, nicht eben liegt."

„Du hast also zu wenig Vokabeln gelernt?"

„Ich bin der Auffassung, daß man mit dieser sehr pauschalen Fragestellung dem doch sehr komplizierten Problem kaum gerecht wird. Diese Ansicht wird übrigens von allen meinen Freunden geteilt. Wir sind auch der Meinung, daß die anstehende Problematik nicht durch unglaubwürdiges Moralisieren oder gar Drohen gelöst werden kann. Dagegen versprechen wir uns eine motivationsfördernde Wirkung von finanziellen Anreizen, die natürlich nur langsam greifen würden. Wir überschätzen die bildungspolitischen Auswirkungen solcher finanziellen Stimulanzien durchaus nicht, sehen zum gegenwärtigen Zeitpunkt aber keine praktikableren Möglichkeiten."

„Du möchtest also nicht nur deine Ruhe, sondern auch noch eine Erhöhung des Taschengeldes?"

(Günter Lietzmann, Süddeutsche Zeitung, 1. 10. 1977)

Sie sehen, nach entsprechender Übersetzung ist es doch ganz einfach, treffende Formulierungen in ungetarnter, schlüssiger und allgemeinverständlicher Form zu finden!

Nach diesem einfachen Verfahren kann aus einer Fragestellung eine Frage werden und aus einer Aufgabenstellung eine Aufgabe:

> *„Alles, was man sagen kann, kann man klar sagen!"*
> *(Ludwig Wittgenstein)*

# Kurze Sätze formulieren

Der häufigste Rat an jeden, der verstanden werden will, lautet:

*Kurze Sätze bilden!*

Aber was ist ein „kurzer Satz"? Kommt es auf die Zahl der Wörter oder die Zahl der Silben an?

Die beiden folgenden Sätze bestehen jeweils aus acht Wörtern:

*Ich sah, wie der Blitz den Baum traf.*

*Der Schnellzugzuschlagsverkauf im fahrenden Zug soll unterbunden werden.*

Ohne Zweifel ist der zweite Satz schwerer verständlich als der erste. Der erste Satz hat genau so viel Silben wie Wörter, der zweite dagegen 22 Silben. So gesehen hat auch die Zahl der Silben eine wichtige Rolle bei der Verständlichkeit eines Satzes.

Aus wieviel Wörtern soll nun ein Satz höchstens bestehen?

Eine Antwort gibt die folgende Übersicht (zitiert nach W. Schneider, 1983):

| | Wörter pro Satz |
|---|---|
| In der Bildzeitung häufig | 5 |
| Obergrenze der *optimalen* Verständlichkeit laut dpa | 9 |
| Empfohlene durchschnittliche Satzlänge nach Seibicke | 10–15 |
| Durchschnitt in deutschen Zeitungen | 16 |
| Durchschnitt im Johannes-Evangelium | 17 |
| Durchschnitt in den „Buddenbrooks" (Th. Mann) | 17 |
| Obergrenze der Leichtverständlichkeit nach Reiners | 18 |
| Obergrenze des *Erwünschten* bei dpa | 20 |
| Beginn der Schwerverständlichkeit nach Reiners | 25 |
| Obergrenze des *Erlaubten* bei dpa | 30 |
| Durchschnitt im „Dr. Faustus" (Th. Mann) | 31 |

Daß „Literatur" übrigens nicht das Verwenden von Bandwurmsätzen bedeuten muß, zeigen die beiden folgenden Sätze aus der Weltliteratur, mit denen die Schriftsteller ihr Buch beginnen:

*„Call me Ismahel." (H. Melville: Moby Dick)*

*„Isebill salzte nach." (G. Graß: Der Butt)*

In einer Präsentation soll keine Weltliteratur produziert werden. Aber vielleicht gelingt es Ihnen, mit solch kurzen Sätzen am Anfang Ihres Vortrages die Erwartungen Ihrer Hörer anzusprechen!


*Hauptsachen in Hauptsätze!*

In seinen „Ratschlägen für den guten Redner" empfiehlt Kurt Tucholsky: „Hauptsätze, Hauptsätze, Hauptsätze!"

Aber, Tucholsky zum Trotz: Aneinandergereiht wirken Hauptsätze schnell unangenehm hart und ermüdend. Ein Hauptsatz mit einem Nebensatz ist gut verständlich.

Das muß aber nicht heißen, daß daraus gleich ein *Schachtelsatz* wird! Ein Satzgebilde, in welchem der Nebensatz irgendwo in den Hauptsatz eingeklemmt ist, kann man gerade noch bewältigen. Wenn mehrere Nebensätze ineinander verschachtelt werden, entsteht aber leicht eine Verständlichkeitsruine:

> Denken Sie, wie schön der Krieger, der die Botschaft, die den Sieg, den die Athener bei Marathon, obwohl sie in der Minderheit waren, nach Athen, das in großer Sorge, ob es die Perser nicht zerstören würden, schwebte, erfochten hatten, verkündete, brachte, starb!

(Zitiert nach W. Schneider, 1983)

Bastelfreunde für unverständliche Sätze in Behörden, Wirtschaft und Verwaltung erzeugen ständig ähnlich überraschende Konstruktionen, die erst nach semantischer und syntaktischer Analyse, unter Bezugnahme auf die jeweils zugrundeliegende Tiefenstruktur, bei gleichzeitiger Berücksichtigung strukturalistischer und logischer Analyseverfahren ihres Inhaltes bemächtigt werden können.

84

Leider verführt uns die deutsche Grammatik dazu, unverständliche Satzungetüme zu bilden. So ist es eine typische Eigenheit der deutschen Grammatik, das Verb in einem Satz auseinanderzureißen. Daraus ergeben sich zwei Risiken:

– Wir verstehen den Satz auf halbem Weg falsch
– oder wir verstehen ihn überhaupt nicht, bevor wir nicht das letzte Wort gehört haben:

> Für Bergmannswohnungen, die von Bergbauunternehmen entsprechend dem Vertrag über Bergmannswohnungen, Anlage 8 zum Grundvertrag zwischen der Bundesrepublik Deutschland, den vertragsschließenden Bauunternehmen und der Ruhrkohle Aktiengesellschaft vom 18. Juli 1969 (Bundesanzeiger Nr. 174 vom 18. September 1974) bewirtschaftet werden, kann die Miete bei einer Erhöhung der Verwaltungskosten und der Instandhaltungskosten in entsprechender Anwendung des § 30 Abs. 1 der Zweiten Berechnungsverordnung und des § 5 Abs. 3 Buchstabe c des Vertrages über Bergmannswohnungen erhöht werden.

Dem Verfasser ist es tatsächlich gelungen, daß uns erst am Ende dieses Textes klar wird, worum es eigentlich geht. Unser Kurzzeitgedächtnis reicht aber nicht aus, um den ganzen Text zu behalten. Wir dürfen jetzt wieder von vorn anfangen zu lesen, damit der Text mit unseren neu gewonnenen Erkenntnissen verständlich wird.

Mark Twain hat diese Eigenart der deutschen Sprache so charakterisiert (frei wiedergegeben):

> *„Der Deutsche stürzt, nachdem er das Subjekt ausgespuckt hat, in einen Wust von Nebensätzen, um dann drei Seiten später triumphierend mit dem Verb in den Zähnen wieder aufzutauchen.“*

Untersuchungen zur Sprachverständlichkeit haben gezeigt, daß Menschen fast die doppelte Zeit brauchen, um eine verneinte Form zu verstehen. Katastrophal wird allerdings die Verständlichkeit dann, wenn die Verneinung in doppelter oder sogar mehrfacher Form auftritt.

Das kommt kaum vor? Warten Sie ab!

*Das NOK hat sich für einen Boykott gegen die Olympischen Spiele ausgesprochen.*

*(Tagesschau, 15. 5. 1980)*

Das Nationale Olympische Komitee hat sich also dafür ausgesprochen, etwas dagegen zu tun. Warum nicht gleich sagen, daß es sich gegen die Teilnahme ausgesprochen hat?!

Der Polit-Profi Richard Stücklen hat es sogar geschafft, drei Verneinungen in einer Aussage unterzubringen (keine Sorge, damit steht er nicht allein!):

*Stücklen am 4. 11. 80 vor dem Plenum des Bundestags: „Ebensowenig gibt es unter den Fraktionen dieses Hauses keine, die nicht friedenswillig oder friedensfähig wäre."*

*(Beide Beispiele aus W. Schneider, 1983)*

Es sind also alle Fraktionen friedensfähig – zumindest nach der Logik dieses Satzes. Aber das ist sehr kurz und hätte der Aussage sicherlich viel von ihrer Bedeutung genommen?!

Zum Schluß möchten wir noch demonstrieren, daß man auch das Subjekt in einem Satz verstecken kann.

*Mäßige bis frische, an der Küste stellenweise auffrischende, von West auf Nordwest drehende, später umlaufende Winde ...*

Knapp eine Viertelminute müssen wir zuhören, bis wir erfahren, was denn nun „mäßig bis frisch" ist!

Wer das Subjekt eines Satzes versteckt, versteckt die Hauptsache seiner Aussage:

*Mäßige bis frische Winde, an der Küste ...*

Jetzt ist alles klar: Wir haben Winde zu erwarten.

# Aus-sprache verbessern

Sie haben nun verständliche Worte gewählt und kurze Sätze aufgebaut. Ihre Gedanken sind gut formuliert und durchlaufen jetzt die letzte Station, bevor sie den Empfänger erreichen: die gesprochene Sprache.

Nachlässigkeiten in der gesprochenen Sprache wiegen in einer Präsentation wie Nachlässigkeit der Gedanken.

„Nuscheln", starkes nasales Sprechen, das Verschlucken von Silben und Lauten, der Stimmabfall am Ende eines Satzes sind sprachliche Unarten, die sich abstellen lassen. Und die abgestellt werden müssen. Denn wenn sich Ihre Zuhörer in erster Linie auf das Hören des Gesprochenen konzentrieren müssen, kommt das inhaltliche Verstehen zu kurz. Ihre Zuhörer bauen Widerstände auf.

Wer seine Stimme verbessern will, muß etwas darüber wissen, wie Laute erzeugt werden. Der Vorgang läuft im wesentlichen wie folgt ab:

> Beim Ausatmen strömt die Luft durch den Kehlkopf. Der Luftstrom wird dabei durch die im Kehlkopf liegenden Stimmbänder in Schwingungen versetzt, es entstehen Töne. Dabei übertragen sich die entstandenen Luftschwingungen auf Bereiche des Brustkorbs und den Mund- und Rachenraum. Es entstehen hallende Effekte, die der Stimme die erste Klangfärbung geben, die Charakteristika der individuellen Sprache (eine „hohe", „tiefe", „weiche" oder „harte" Stimme). Durch die Artikulation werden im Mundraum schließlich die einzelnen Laute gebildet, d. h. die Grundschwingungen überformt. Lippen- und Zungenbewegungen spielen dabei eine entscheidende Rolle.

Ob wir für unsere Zuhörer verständlich sprechen, hängt weitgehend von unserer Artikulation ab. Glücklicherweise ist sie durch präzise Lippenbewegungen leicht zu beeinflussen.

*Auch ob jemand Hochdeutsch oder Dialekt spricht, ist eine Frage der Artikulation. Unsere Meinung: Eine leichte Dialektfärbung braucht nicht zu stören. Spricht der Redner in seiner Heimatregion, erhält er für seinen Dialekt sogar einen Sympathiebonus. Das Abgewöhnen sprachlicher Nachlässigkeiten halten wir für bedeutend wichtiger als das Vermeiden eines Dialekts.*

Neben der Deutlichkeit unserer Sprache können wir auch die *Satzmelodie* beeinflussen.

Der Eindruck der Satzmelodie entsteht aus der Modulation (Veränderung) der Lautstärke und des Sprechtempos. Im Verlauf des Vortrags sollten wir Lautstärke und Sprechtempo öfters wechseln, weil eine geringe Modulation nach kurzer Zeit auf die Zuhörer ermüdend wirkt. Dabei sollte natürlich das Sprechtempo nicht zu *hoch* werden, denn umso größer ist auch die Gefahr, daß Silben verschluckt und Worte ineinander verschleift werden!

*Atmen und Sprechen*

Mit der Artikulation im Mund- und Rachenraum können wir zwar die Verständlichkeit unserer Sprache beeinflussen. Die Grundvoraussetzung für gutes Sprechen ist jedoch, daß wir richtig atmen.

Von besonderer Bedeutung ist dabei das Ausatmen. Wie Sie schnell im Eigenversuch feststellen werden, können wir nur sprechen, wenn wir ausatmen.

> Während des Ausatmens wird der Brustkorb und die darin eingeschlossene Lunge von der Zwischenrippenmuskulatur sowie der Schulter- und Brustmuskulatur zusammengepreßt. Zur selben Zeit drückt das Zwerchfell, eine Muskel-Sehnen-Platte, die den Brustkorb gegen die Bauchhöhle abschließt, von unten gegen die Lunge. Beim Ausatmen wird so von drei Seiten Druck gegen die Lunge ausgeübt.
>
> *Damit wir richtig ausatmen können, müssen wir natürlich zunächst einmal richtig einatmen!*

Wenn wir falsch oder unzureichend einatmen, können wir oft dem Satz nicht die Farbe geben, die wir wollen. Uns fehlt die Luft. Wir werden dann zum Satzende immer leiser und lassen die Stimme fallen. Wenn wir versuchen, die letzten Luftreserven aus der Lunge hervorzuholen, verkrampfen wir uns. Unsere Stimme wird quäkend und abgehackt.

Bei vielen Menschen sind heute die Atemvorgänge mehr oder weniger gestört. Streß und/oder falsche Haltungen (besonders sitzend am Schreibtisch) führen zu Verkrampfungen und damit zu flachem, schnellem Atmen – Störungen, die sehr leicht chronisch werden können.

*Atmen ist Leben – nicht nur richtig sprechen!*

Eine Möglichkeit, Störungen im Atemrhythmus festzustellen, ist langsames, jeden Buchstaben betonendes lautes Vorlesen. Gleichzeitig ist dies auch eine gute Übung für jeden Redner.

Wichtig ist dabei, daß Sie beim Vorlesen *bewußt* ein- und ausatmen und dabei Ihr vorhandenes Lungenvolumen ausnutzen.

Vergessen Sie dabei nicht, auf Ihre aufrechte und unverkrampfte Körperhaltung zu achten, weil nur sie eine optimale Funktion des Zwerchfells und der Lunge ermöglicht.


## Vorbereitung mit den Ohren

Nehmen Sie sich die Zeit, wann immer Ihnen dies möglich ist, Ihren Text zur Vorbereitung laut vorzulesen.

Gerade dann, wenn Sie Ihren Vortrag weitgehend schriftlich ausgearbeitet haben, ist es sehr wirksam, das Geschriebene dem Gehörtwerden auszusetzen:

Kleine Unebenheiten, über die Sie als schweigender Leser hinweghuschen, können sich als Stolpersteine erweisen. Füllwörter und ungewollte Wiederholungen stellen sich plötzlich borstig auf. Ein holpriger Sprachrhythmus kann Sie verunsichern und Sätze, die Ihnen zu lang geraten sind, werden von Ihrem Atem entlarvt.

Ein Tonbandgerät kann bei einer solchen Selbstkontrolle gute Dienste leisten. Noch mehr spricht natürlich dafür, Ihren Vortrag den kritischen Ohren anderer auszusetzen. Nur so können Sie auch den subjektiven Faktor überprüfen. Die folgende Checkliste soll Ihnen dabei eine Hilfe sein.

## Checkliste: Beurteilung eines Vortrags

| | | -2 | -1 | 0 | +1 | +2 | |
|---|---|---|---|---|---|---|---|
| Thema/Titel | nicht motivierend | | | | | | motivierend |
| Ziel/Absicht | unklar | | | | | | klar |
| Inhalt | unverständlich | | | | | | verständlich |
| Gliederung | undeutlich | | | | | | deutlich |
| Nutzen/ Vorteil | unklar | | | | | | klar |
| Bedeutung | nicht angesprochen | | | | | | angesprochen |
| Stimme | undeutlich | | | | | | deutlich |
| Modulation | monoton | | | | | | variabel |
| Tempo | zu schnell/langsam | | | | | | angemessen |
| Pausen | zu viel/wenig | | | | | | genau richtig |
| Mienenspiel | teilnahmslos | | | | | | eindrucksvoll |
| Blickkontakt | sehr wenig | | | | | | sehr viel |
| Gestik | steif/gehemmt | | | | | | frei/ungezwungen |
| Persönlicher Ausdruck | farblos | | | | | | lebhaft |
| Vortrag | langweilig | | | | | | spannend |
| Abwechslung | nicht vorhanden | | | | | | vorhanden |
| Beispiele | nicht vorhanden | | | | | | vorhanden |
| Motivation | langweilig | | | | | | interessierend |
| Visualisierung | ablenkend | | | | | | ergänzend |
| Texte | unlesbar | | | | | | lesbar |
| Fachsprache | unverständlich | | | | | | verständlich |

*Wie tief ist doch die Menschheit gesunken!*
*Man hat den Körper zum Schweigen gebracht,*
*nur der Mund redet noch. Aber was kann der*
*Mund schon sagen?*

*Nikos Kazantzakis: Alexis Sorbas*

## Stumme Verständigung: Das Alphabet des Körpers

Auch ohne viele Worte zu machen, können wir viel mitteilen.

Mißbilligung und Zustimmung, gute und schlechte Laune, Sympathie und Antipathie können wir zeigen und mit anderen Menschen austauschen, ohne darüber zu sprechen: durch unsere Körpersprache.

Unsere Körpersprache ist viel umfangreicher und subtiler, als wir uns das in der Regel bewußtmachen.

*Vor allem ist sie ehrlicher als das gesprochene Wort und liefert uns weit über die Sprache hinausreichende Informationen.*

Besonders Gefühle und Beziehungen werden durch die Körpersprache spontan ausgedrückt. Oft kann unser Körper nicht verbergen, was wir bewußt niemals aussprechen würden. Schon die Muskelspannung unseres Körpers gibt Hinweise auf unsere Stimmung – Hinweise, die wir kaum kontrollieren können. So wird es ein erregter Mensch kaum fertigbringen, absichtlich in sich zusammenzusinken, und ein gelangweilter Hörer ist kaum in der Lage, einen aufmerksamen Eindruck zu vermitteln.

Wir reagieren auf solche Signale unseres Gegenübers, auch wenn wir nicht darüber sprechen. So entsteht durch die Körpersprache eine Art „Untergrund-Kommunikation". Sie findet unter der Oberfläche unserer gesellschaftlichen Konventionen statt. Das darf aber nicht darüber hinwegtäuschen, daß sie oft wirksamer ist als das gesprochene Wort.

*Vor allem können wir unsere Körpersprache nicht zum Schweigen bringen – jedenfalls nicht für längere Zeit!*

Der Grund liegt darin, daß die Ausbildung unserer Körpersprache entwicklungsgeschichtlich weit vor der Ausbildung der verbalen Sprache liegt. (Schon lange bevor es sprechen lernt, kann uns ein Kleinkind seine Wünsche und Gefühle durch Gestik und Mimik mitteilen.)

Viele Körpersignale sind daher unmittelbar einleuchtend, sie bedürfen keiner Erklärung und werden über alle Sprach- und Kulturgrenzen hinweg verstanden, weil sie unmittelbares „tierisches" Erbe sind.

> Wer auf die Knie fällt, macht sich wehrlos, signalisiert Demut und die Bitte um Vergebung – wie Willi Brandt 1970 vor dem Ehrenmal im Warschauer Ghetto. Wer den Kopf neigt und den Oberkörper vorbeugt, engt sein Blickfeld ein und vermindert die Kampffähigkeit. Selbst unsere gewohnte Gestik des Händeschüttelns hat einen weit zurückliegenden Ursprung, denn sie diente dazu, einem Fremden zu signalisieren, daß man auf den Gebrauch von Waffen verzichtet. Auch wenn wir uns dieser ursprünglichen Bedeutung nicht mehr bewußt sind, nehmen wir das Händeschütteln als eine Geste der Freundschaft wahr.
>
> Gesten haben nicht immer „tierische" Wurzeln, aber fast immer eine lange, meist vergessene Geschichte. So geht der Ursprung der griechischen „moutza"-Geste auf einen Brauch im alten Byzanz

zurück, wo es üblich war, Kriminelle, die in Ketten durch die Stadt geführt wurden, mit Schmutz zu bewerfen. Heute signalisiert diese Geste: „Geh zum Teufel!" Vermeiden Sie es also nach Möglichkeit, diese Geste in Griechenland als Zeichen von Abwehr zu verwenden – sie gilt dort als eine der rüdesten Gesten überhaupt. Wir können Ihnen daher auch nicht empfehlen, Einheimischen damit zu signalisieren, daß Sie die „Landeskörpersprache" beherrschen!

Im Zusammenhang mit unserem Thema „Präsentation" hat die Körpersprache unter zwei Gesichtspunkten Bedeutung:

Zum einen sind Körperhaltung, Gestik und Mimik wesentliche Elemente unserer Ausstrahlung als Vortragender. Wir können sprachlich noch so gewandt sein, unsere Medien noch so geschickt einsetzen – und unsere Absichten gleichzeitig durch unbewußte Signale unserer Körpersprache sabotieren. Auf der anderen Seite gibt uns die Körpersprache, ohne daß wir danach fragen müssen, unmittelbar Aufschluß über die Wirkung unserer Darbietung auf die Zuhörer. Allein schon durch die Körperhaltung läßt sich Zustimmung oder Ablehnung drastisch zum Ausdruck bringen, und wir alle kennen die entsprechenden Signale:

Ein Zuhörer wippt verträumt mit seinem Stuhl, andere hängen mit verschränkten Armen weit zurückgelehnt auf ihrem Sitz, während wieder andere verträumt die Zimmerdecke betrachten oder sich konzentriert den Vorgängen draußen vor dem Fenster widmen.

Auch wenn wir davon ausgehen können, daß unsere Zuhörer uns durch solches Verhalten nicht bewußt das Leben schwermachen wollen – irritieren wird es uns auf jeden Fall.

Aber glücklicherweise sind wir solchen nichtsprachlichen Attacken nicht hilflos ausgeliefert.

*Zunächst einmal empfehlen wir, Ruhe zu bewahren!*

Das mag Ihnen vielleicht als ein etwas banaler Rat erscheinen. Bedenken Sie aber, wie schnell wir die oben beschriebenen Reaktionen unserer Zuhörer verallgemeinernd werten, nämlich als generelles Desinteresse an unserem Vortrag.

Sicher sollten Sie diesen kritisch überprüfen, wenn mehr als die Hälfte Ihrer Zuhörer die beschriebenen Symptome zeigen. Liegt der Anteil aber kräftig darunter, dann sollten Sie solche Zeichen gelassen nehmen als das was sie sind: ganz normale Anzeichen menschlicher Schwäche.

Erinnern Sie sich dann daran, daß Sie in solchen Fällen nicht der hilflose Dulder sein müssen. Ihr körpersprachliches Repertoire als Redner ist ja mindestens genauso groß wie das Ihrer Teilnehmer – und zusätzlich besteht Ihre Stärke darin, daß *Ihre* Signale von *jedem* wahrgenommen werden!

Hier einige Möglichkeiten, wie Sie die Aufmerksamkeit Ihrer Zuhörer wieder auf sich ziehen können:

- *Machen Sie eine auffällige, längere Sprechpause – am wirksamsten ist sie mitten im Satz.*
- *Verändern Sie Sprechtempo und Lautstärke Ihres Vortrags.*

    In den meisten Fällen empfiehlt es sich, *leiser* und *langsamer* zu sprechen. Das hat sogar zwei Vorteile: Zum einen müssen Ihre Zuhörer die Ohren spitzen, und zum anderen werden Sie selbst zwangsläufig ruhiger, konzentrierter und damit wirkungsvoller.

- *In vielen Fällen wird es sogar genügen, wenn Sie – ebenfalls verbunden mit einer kurzen Sprechpause – gezielten Blickkontakt mit dem oder den betreffenden Zuhörern aufnehmen. (Darüber werden wir später in diesem Kapitel noch etwas mehr sagen.)*

## Haltung und Gestik

Es gibt eine ganze Reihe Bücher, die uns glauben machen wollen, wir könnten die unbewußten nichtsprachlichen Signale unserer Gesprächspartner eindeutig entschlüsseln – also aus den Gesten unseres Gegenübers eindeutig entnehmen, was dieser denkt und fühlt. Daß solche Versuche zumindest problematisch sind, soll Ihnen die folgende Abbildung zeigen (s. S. 95):

| *Figur A:* | *Figur B:* | *Figur C:* | *Figur D:* |
|---|---|---|---|
| – *desinteressiert* | – *selbstzufrieden* | – *erstaunt* | – *schüchtern* |
| – *resigniert* | – *ungeduldig* | – *dominant* | – *unsicher* |
| – *zweifelnd* | – *zwanglos* | – *mißtrauisch* | – *bescheiden* |
| – *fragend* | – *wütend* | – *unentschlossen* | – *traurig* |

Wie haben Sie selbst die Haltungen dieser Figuren interpretiert?

Hier die Interpretationen, die andere für die gezeigten Körperhaltungen gefunden haben:

Lassen wir also besser die Versuche, die Gefühle unserer Gesprächspartner im Alleingang aus deren Körpersprache enträtseln zu wollen. Beschäftigen wir uns lieber mit unserer *eigenen* Körpersprache als Vortragender und damit, wie diese von Ihren Zuhörern interpretiert werden *könnte*!

Um von vornherein Mißverständnissen vorzubeugen:

Uns geht es nicht darum, daß Sie bestimmte Haltungen oder Gesten einstudieren. In den meisten Fällen würde dies künstlich wirken und die damit verbundene Absicht dann ins Gegenteil verkehren.

Wir möchten vielmehr erreichen, daß Sie Ihre Wahrnehmungsfähigkeit für Ihre eigene Körpersprache schärfen – damit Sie sich der Botschaften, die Sie unbewußt an Ihre Zuhörer senden, *bewußt* werden.

Bewegungen, bei denen wir uns selbst berühren – z. B. die Hände falten, sich an die Nase fassen, die Arme verschränken oder die Beine kreuzen –, finden sich in allen Situationen, bei denen wir uns unsicher fühlen. Durch den Kontakt mit uns selbst verschaffen wir uns ein Gefühl der Sicherheit und Geborgenheit.

Eine Präsentation, besonders vor unbekannten Zuhörern, ist eine typische Situation, in der wir uns mit Gesten des Selbstkontakts Sicherheit verschaffen – z. B. indem wir unsere Arme vor dem Körper verschränken. Eine solche Haltung wird fälschlicherweise oft als Abwehrhaltung interpretiert. Sie hat aber in erster Linie die Funktion, eine gewisse Distanz, eine Pufferzone vor der „feindlichen" Umwelt zu errichten.

Vielleicht hilft Ihnen, wenn Sie sich als Vortragender vor einem unbekannten Zuhörerkreis fremd und unsicher fühlen, die Beobachtung, daß es Ihren Zuhörern offenbar ähnlich wie Ihnen geht: Auch diese zeigen oft, zumindest in den ersten Minuten, Ihnen gegenüber eine Haltung der Geschlossenheit. Manche Teilnehmer haben die Arme oder Beine in irgendeiner Form vor dem Körper gekreuzt, andere zeigen sogar durch das Lesen einer Zeitung demonstrativ (wenn auch unbewußt), daß sie zunächst einen Schutzraum brauchen, der bitte nicht durchbrochen werden soll.

Erst allmählich werden die Teilnehmer Ihnen gegenüber „offener" – und daß dies nicht nur im übertragenen Sinn zu verstehen ist, zeigen sie Ihnen durch eine deutlich geänderte Körperhaltung.

Unsere Empfehlung: Erleichtern Sie Ihren Zuhörern diesen Prozeß des Öffnens, indem Sie damit beginnen:

**Kontrollieren Sie sich besonders in den ersten Minuten der Präsentation, daß Sie keine „Barriere-Signale" senden!**

Wo aber die Hände und Arme während des Vortrags lassen – besonders wenn Sie ohne das Schutzschild eines Rednerpults vor Ihren Zuhörern stehen?

Die meisten von uns fühlen sich unbehaglich, wenn sie die Arme locker am Körper herabhängen lassen. Wir fühlen uns linkisch und strahlen unbewußt Unruhe aus, weil uns innerlich die Frage beschäftigt: Wohin mit unseren Extremitäten?

Wir möchten Ihnen daher für den Beginn Ihres Vortrags eine Haltung empfehlen, die Ihnen einerseits ein Mindestmaß an Selbstkontakt ermöglicht, Ihnen auf der anderen Seite aber auch die Freiheit gibt, Ihre Arme und Hände jederzeit frei zu bewegen:

> Lassen Sie Ihre Arme locker vor der Brust herabhängen, schließen Sie eine Hand leicht (nicht angespannt!) zur Faust und legen Sie sie in die geöffnete Fläche der anderen Hand.

> Probieren Sie es einmal aus – und achten Sie vor allem darauf, wie sich durch eine Änderung Ihrer Körperhaltung auch Ihre innere Stimmung und Befindlichkeit ändern können!

*Handzeichen*

Mit der Frage, wo wir unsere Hände lassen sollen, sind wir bei einem besonderen Thema angelangt. Während wir mit der Körperhaltung unsere allgemeine Stimmung ausdrücken, zeigen dagegen unsere Hände insbesondere, was wir mit den von uns vorgetragenen Gedanken „vorhaben".

Auch wenn wir in unseren Handzeichen nicht so dramatisch beweglich sind wie im romanischen Sprachraum – so haben wir doch ein ganzes Repertoire typischer Gesten zur Verfügung. Die wichtigsten möchten wir Ihnen im folgenden bewußtmachen (*nach D. Morris, 1977*):

Besonders beliebt ist der **Zeigefinger-Takt-schlag**. Es gibt ihn in zwei Varianten: einmal als frontales Vorstoßen des Zeigefingers, der die Zuhörer gewissermaßen durchbohrt, zum anderen als erhobener Taktstock, mit dem der Sprechrhythmus unterstrichen wird.

Die erste Variante wird von den Zuhörern schnell, wenn nicht als Feindseligkeit, so doch als Herrschsucht ausgelegt. Die zweite Variante wirkt zumindest oberlehrerhaft und herablassend.

Der **Handhieb** ist die Taktstock-Geste eines aggressiven Redners, der mit seinen Überlegungen gewissermaßen den gordischen Knoten eines Problems durchtrennen und die von ihm erwünschte Lösung erzwingen will.

Der **Luft-Boxhieb** ist die aggressivste Handhaltung eines Redners. Mit ihr soll den Argumenten und Worten unwiderstehliche Durchschlagskraft verliehen werden.

Der **Intentions-Kraftgriff** ist eine typische Geste von Rednern, die eine bestimmte Situation (zumindest gedanklich) in den Griff bekommen (!) wollen. Charakteristisch für diese Geste ist, daß sie mitten in der Bewegung erstarrt.

Der **Intentions-Präzisionsgriff** deutet an, daß der Redner nach Gedanken oder Formulierungen sucht, unentschlossen oder sogar unsicher ist.

Der **Handstoß**, bei dem die Fingerspitzen des Redners auf die Zuhörer gerichtet werden, hat eine ähnliche Funktion wie der Luft-Boxhieb, er ist aber gezielter gerichtet. Er hat mehr mit dem oder den einzelnen Hörern zu tun, auf die die vorgebrachten Gedanken Eindruck machen sollen, als mit den Gedanken selbst.

Die **Handschere** enthält ein deutliches Element der Zurückweisung. Damit werden symbolisch Hindernisse aus dem Weg geräumt, aber auch (mögliche) Gegenargumente und Einwände.

**Nach unten gerichtete Handflächen** plädieren für Ruhe und Besonnenheit der Zuhörer.

Mit **nach oben gerichteten Handflächen** bittet ein Redner um die Zustimmung seiner Zuhörer. (Die Geste erinnert stark an die bittenden Hände eines Bettlers!)

Werden die **Handflächen zur Seite** gerichtet, dann ist dies ein Angebot zum Verhandeln oder einen Kompromiß zu suchen. Ganz deutlich wird mit dieser Geste den Gesprächspartnern etwas dargeboten.

Werden die **Handflächen nach rückwärts** gerichtet, so zeigt dies dagegen, daß man eine Idee bewahren oder schützen, also vor Angriffen verteidigen will.

Werden die **Handflächen nach vorne** gerichtet, so kann dies zum einen eine Beschwichtigungsgeste sein. Eine andere Deutung ist, daß die Hände gewissermaßen zum Schutz des Redners vorgestreckt werden oder um fremde Gedanken abzuwehren.

Natürlich können solche Interpretationen nur hinweisenden Charakter haben. Nicht jede Geste kann eindeutig entschlüsselt und muß immer im Zusammenhang mit der jeweiligen Situation oder dem vorgebrachten Gedanken verstanden werden.

Am besten schärfen Sie Ihre Wahrnehmung für die Bedeutung von Gesten, wenn Sie Ihren eigenen Vortrag mit einer Videokamera aufzeichnen. Sie werden dann auch schnell feststellen, ob Ihre Haltung und Gesten Ruhe und Sicherheit ausstrahlen.

*(Im übrigen ist „Ruhe" nicht gleichzusetzen mit langsam oder träge. Der Eindruck von Ruhe entsteht vielmehr durch das Sprechtempo sowie durch zielgerichtet und vor allem sparsam eingesetzte Gesten!)*

## Mimik: die Sprache unseres Gesichts

Alle Primaten verfügen über ein ausdrucksfähiges Gesicht. Bei den höherentwickelten Arten wie Gorillas und Schimpansen wird die Gesichtsmuskulatur zunehmend differenzierter und ermöglicht eine Vielzahl von Signalen zur Verständigung.

*Der größte Teil unserer nichtsprachlichen Signale wird vom Gesicht aus gesendet.*

Unsere Gesichtsmuskulatur können wir auch am besten kontrollieren. So lernen wir von klein auf, „gute Mine zum bösen Spiel zu machen", wir können auf einer Party lachen oder zumindest lächeln, obwohl wir innerlich traurig sind, und bei einem Begräbnis wiederum machen wir ein ernstes oder trauriges Gesicht, auch wenn wir dies vielleicht gerade nicht fühlen.

> Wir maskieren uns fast ständig. Wir lächeln fast pausenlos, denn ein Lächeln zeugt nicht nur von guter Laune, sondern dient auch als Bitte um Entschuldigung und als Mittel zur Selbstverteidigung und Beschwichtigung. Wir lächeln uns an, wenn wir uns auf dem Gang des Büros begegnen, aber nicht miteinander sprechen wollen, um anzudeuten: „Ich habe Dich wahrgenommen". Wenn wir einen besetzten Fahrstuhl betreten, lächeln wir, was etwa soviel bedeutet: „Entschuldigen Sie bitte, aber leider muß ich das Ding auch benutzen. Ich tue Ihnen nichts, selbst wenn ich ganz dicht an Sie heranrücken muß." Wir lächeln ebenfalls, wenn wir in einem Bus fahren und durch ein plötzliches Bremsen gegen unseren Nachbarn gedrückt werden. Unser Lächeln sagt dann: „Verzeihen Sie bitte, ich wollte Sie nicht berühren!"

Wir lächeln uns durch den Tag, gleichgültig welchen Launen und Stimmungen wir unterworfen sind. Wir verkleiden uns gewissermaßen mimisch, weil man es von uns erwartet. Konventionen und unsere mimischen Fähigkeiten erschweren daher die Beurteilung und Interpretation der mimischen Signale unserer Gesprächspartner.

Neuere Untersuchungen haben gezeigt, daß Augen und Augenpartie für die nichtsprachliche Kommunikation eine wichtige Rolle spielen. Auch winzige, bewußt überhaupt nicht wahrgenommene Signale werden von uns ausgewertet und interpretiert.

In einer in der psychologischen Literatur berühmt gewordenen Untersuchung konnte nachgewiesen werden, daß selbst die Größe der Pupillen einen Einfluß darauf hat, ob wir unser Gegenüber als uns zugewandt und damit sympathisch wahrnehmen!

Nun tropfen sich zwar orientalische Frauen Belladonna in die Augen, um diese strahlender und ausdrucksvoller zu machen. Aber ein solches Mittel wollen wir doch nicht empfehlen, nur um einen zusätzlichen „Sympathiebonus" von unseren Zuhörern zu erhalten! Eine andere, sehr wichtige Empfehlung wollen wir Ihnen aber doch geben, die sich aus der Bedeutung der Augen für die nichtsprachliche Kommunikation ergibt:

**Versuchen Sie während Ihres Vortrags, ständig mit den Hörern Augenkontakt zu halten.**

Der Augenkontakt ist die Voraussetzung dafür, daß zwischen Sprecher und Zuhörer Gemeinsamkeit erlebt wird. Und nur über den Augenkontakt können Sie sich auf die Zuhörer einstellen – und gegebenenfalls umstellen.

Ein erfahrener Redner weiß dies. Während seines Vortrags blickt er immer wieder ins Publikum, um Blickkontakt aufzunehmen, damit gezielt Kontakt herzustellen und Reaktionen auf seinen Vortrag abschätzen zu können.

*Ein guter Blickkontakt führt dazu, daß sich jeder Ihrer Hörer persönlich angesprochen fühlt.*

Natürlich läßt sich ein Augenkontakt nicht immer aufrechterhalten – das würde auch schnell zu einem unangenehmen Starren. Auf jeden Fall bricht der Augenkontakt zum Gesprächspartner ab, wenn man seine Gedanken sammelt und sich innerlich etwas vorstellen muß. Die Blickrichtung wandert dann weg vom Gesprächspartner oder Zuhörer, entweder nach oben oder nach unten.

In allen anderen Fällen gilt aber für den Vortragenden die Regel:

*Schauen Sie während Ihres Vortrags nicht zur Decke, zum Boden, zum Manuskript, über die Köpfe Ihrer Zuhörer hinweg oder gar durch sie hindurch – suchen Sie ständig Blickkontakt!*

Wir empfehlen Ihnen sogar, das Suchen des Blickkontakts bewußt zu trainieren. Dieses Training wird Ihnen auch in anderen Situationen als der Präsentation gute Dienste leisten – wenn Sie z. B. Wünsche äußern, etwas anordnen oder bei Konfliktgesprächen.

Vorschlag: Versuchen Sie doch einmal, Blickkontakt mit völlig fremden Menschen zu trainieren, z. B. wenn Sie durch eine belebte Straße oder durch ein Kaufhaus gehen. Sie werden die Reaktionen Ihrer Mitmenschen sehr unterhaltsam finden – und wenn Sie ab und zu als Reaktion ein Lächeln bekommen, dann hat sich das Trainieren doch schon gelohnt. Viel Spaß!

*Willst Du informieren,*
*vergiß die Sache nicht.*

*Willst Du motivieren,*
*vergiß den Menschen nicht!*

# Regeln für die Diskussion

## Wie kommt es zum Dialog?

Während des zweiten Weltkrieges versuchte man in den Vereinigten Staaten, Mütter von Kleinkindern mit gesünderen Ernährungsmethoden vertraut zu machen. Da es an Frischgemüse mangelte, sollten die Mütter dazu übergehen, Lebertran und Orangensaft als Babynahrung zu verwenden. Um herauszufinden, wie man die Mütter am wirksamsten von der neuen Ernährungsmethode überzeugen konnte, wurden zwei verschiedene Arten der Instruktion ausprobiert. In einer Gruppe wurden die Mütter lediglich in einem Vortrag von zwanzig Minuten von einem Ernährungsexperten unterrichtet. In der anderen Versuchsgruppe wurden je sechs Müttern zusammen ein zehnminütiger Vortrag gehalten, anschließend gab man ihnen weitere zehn Minuten Zeit, um über das Gehörte zu diskutieren.

Wie die anschließende Überprüfung ergab, entschieden sich nur vierzig Prozent der Mütter, die den 20-Minuten-Vortrag gehört hatten, anschließend, ihren Kindern die empfohlenen Nahrungsmittel zu geben. Bei den Gruppen, denen man Gelegenheit zur Diskussion gegeben hatte, waren es dagegen neunzig Prozent!

Menschen werden dann am wirksamsten überzeugt, wenn man ihnen Gelegenheit gibt, sich am Entscheidungsprozeß selbst zu beteiligen. Anweisungen von sogenannten Autoritäten sind weitaus weniger motivierend als die Überzeugungskraft einer Gruppe.

> *Vertrauen Sie in einer Präsentation also nicht allein auf die Kraft*
> *Ihrer Argumente –*

**Planen Sie Möglichkeiten des Dialogs ein!**

Nach jedem wichtigen Referats-Abschnitt, spätestens aber nach der Darstellung der Entscheidungsalternativen, müssen Sie daher den Dialog mit Ihren Teilnehmern in Gang bringen. Nun ist dies gar nicht so einfach. Besonders nach einer längeren Phase des Monologs haben sich unsere Teilnehmer an das passive Aufnehmen von Informationen gewöhnt.

Daher ist die berühmte Frage am Ende eines Vortrags: „Hat noch irgend jemand eine Frage?" nicht besonders geeignet, die Teilnehmer aus dieser Haltung herauszubringen.

In Teil 3 dieses Buchs zeigen wir, wie man mit Hilfe von Medien (Pinnwand-Methode) eine Gruppe sehr schnell aktivieren und Diskussions- und Entscheidungsprozesse strukturieren kann. Aber auch wenn Sie nicht mit Medien arbeiten (können), gibt es einige bewährte Regeln, wie Sie die Teilnehmer nach einem Vortrag aktivieren können. Die wichtigsten haben wir im folgenden Praxis-Tip zusammengefaßt.

**Praxis-Tip: Wie bringe ich eine Diskussion in Gang?**

*Mit einer offenen Frage zur Diskussion einladen.*

Also nicht:„Haben Sie (etwa!) noch Fragen?", sondern zum Beispiel: „Welche Fragen sind noch offen geblieben? – Zu welchen Punkten möchten Sie noch weitere Informationen?"

*Stellen Sie die erste Frage notfalls selbst.*

„Sie werden sich jetzt sicher fragen ...Wie denken Sie darüber?"

*Fragen Sie nach Erfahrungen der Teilnehmer.*

Mit etwas Geschick können Sie durch solche Fragen auch die Richtung der Diskussion in die von Ihnen gewünschte Richtung lenken, zum Beispiel: „Wenn unser Vorschlag A realisiert werden sollte, müssen natürlich noch einige Punkte berücksichtigt werden. Was erscheint Ihnen dabei am wichtigsten?"

**Sprechen Sie einen aktuellen Fall an.**

„In Abteilung XY hat sich ein Problem ergeben, das durch unseren Vorschlag sofort gelöst werden könnte. Wie denken Sie darüber?"

**Stellen Sie zum Abschluß Ihrer Zusammenfassung die strittige/n Frage/n heraus.**

„Die wichtigste Problematik scheint uns zu sein ... Was ist Ihre Meinung?"

**Lassen Sie die erste Frage durch einen „Mittelsmann" stellen.**

(Wir sind der Auffassung, daß bei einer wichtigen Präsentation kleine „Regietricks" nicht verboten sind!)

**Erfinden Sie eine Geschichte.**

„Ich hörte da eben in der Pause eine interessante Bemerkung ...".

**Schüren Sie notfalls Emotionen.**

„Es soll tatsächlich Menschen geben, die im Ernst behaupten ..."

**Stellen Sie eine Quiz-Frage.**

„Wie hoch schätzen Sie die Zahl der ...?"

**Sprechen Sie einen Ihnen bekannten „Schnellstarter" an.**

„Sie haben doch Erfahrung mit ...?"

**Fragen Sie nach den Erfahrungen oder Ergebnissen einer Teilgruppe.**

„Gerade Ihre Abteilung könnte doch ..."

**Setzen Sie nach dem ersten Beitrag „Verstärker" ein.**

Sich für den Beitrag bedanken, ihn als wichtig herausstellen – wenn keine weiteren Beiträge kommen, sogar Widerspruch hervorlocken („Wie denken die anderen darüber?").

# Umgang mit Teilnehmer-Fragen

Wenn Ihre Teilnehmer Ihnen Fragen stellen, dann zeigen sie dadurch Interesse am Thema. Das ist die positive Seite. Die „negative" Seite ist natürlich, daß Sie auf diese Fragen antworten müssen oder daß durch Teilnehmerfragen Reaktionen von anderen Teilnehmern hervorgerufen werden.

Es besteht also die Gefahr, daß die Präsentation thematisch „aus dem Ruder läuft".

Aber besser man stellt sich dieser Gefahr, denn auch Fragen, die weit vom Thema wegführen, sind immer noch besser als gar keine Fragen:

> *Durch Fragen, die Ihre Zuhörer stellen, gewinnen Sie Information über deren Motive und Interessen!*

Ein erfahrener Redner kann aus den Fragen der Teilnehmer wie ein „Fährtensucher" lesen. Wir haben für Sie daher einen kleinen Katalog möglicher Teilnehmer-Fragen zusammengestellt, der nicht nur Hinweise zu ihrer Beantwortung enthält, sonder auch zeigt, welche Informationen Sie daraus entnehmen können.

## *Verständnisfragen*

Ziel solcher Fragen ist die Erweiterung und Vertiefung der präsentierten Inhalte. Sie dienen auch oft der Sicherheit des Fragers. Er prüft, ob er den bisher vorgetragenen Sachverhalt richtig verstanden hat.

*Informationswert:*

- *Ihr Zuhörer ist interessiert.*
- *Er braucht aber unter Umständen noch weitere Informationen, die ihm ein besseres Verständnis ermöglichen.*

*Mögliche Reaktionen:*

- *Die Frage wiederholen und damit reflektieren.*

Dann:

- *Antworten*
- *und gegebenenfalls nachfragen, ob die Antwort ausreichend war.*

Wenn nicht:

- *Gegebenenfalls weitere Ergänzungen geben.*

Achten Sie dabei auf den Umfang Ihrer Antwort – sie darf nicht in eine Art „Nachhilfeunterricht" für einen einzelnen Frager ausarten.


*Themenorientierte Fragen*

*Informationswert:*

- *Ihr Publikum ist stark interessiert.*
- *Ihre Hörer denken mit und sind bei der Sache.*
- *Sie folgen Ihrem gedanklichen roten Faden.*

*Mögliche Reaktion:*

- *Sofort antworten –*
- *aber kein neues Thema anschneiden!*

*Wenn eine kurze Antwort nicht möglich ist:*

- *Die Frage sichtbar notieren und für eine spätere Beantwortung aufheben.*

Wenn die Beantwortung einer Frage den Rahmen einer Präsentation zu sprengen droht, empfiehlt es sich, mit dem Frager einen Termin im Anschluß an die Präsentation zu vereinbaren. (Daß dieser Termin dann auch eingehalten wird, sollte selbstverständlich sein.)


*Fragen zu schon besprochenen Punkten*

Ihre Zuhörer stellen Ihnen zum Beispiel in der Mitte einer Präsentation Fragen, die sich auf den Beginn der Präsentation beziehen.

*„Verständnisfragen"*

*Informationswert:*

- *Ihr Zuhörer war zu diesem Zeitpunkt unkonzentriert.*
- *Sie haben es nicht verstanden, die Aufmerksamkeit Ihrer Zuhörer zum nachgefragten Punkt zu gewinnen.*
- *Der Punkt wurde von Ihnen eventuell nicht deutlich genug herausgearbeitet.*

*Mögliche Reaktion:*

- *Eine kurze Antwort geben –*
- *gegebenenfalls verbunden mit dem Hinweis, daß dieser Punkt schon besprochen wurde.*
  *(Vergessen Sie bei diesem Hinweis aber nicht, sich vorsorglich dafür zu entschuldigen, daß Sie diesen Punkt offenbar nicht klar genug angesprochen hatten!)*

Vermeiden Sie unbedingt zu ausführliche Antworten. Eine stichwortartige Wiederholung der halben Präsentation für einen einzelnen Teilnehmer verärgert mit Sicherheit die übrigen – außerdem können Sie dann Ihren Zeitrahmen nicht mehr einhalten.


*Fragen zu noch nicht besprochenen Punkten*

Die Behandlung solcher Fragen wird stark davon abhängen, ob Sie diese Punkte im Verlauf Ihrer Präsentation noch ansprechen werden oder nicht.

*Informationswert:*

- *Der Frager ist stark interessiert und hat das Thema gedanklich schon weiter gesponnen.*
- *Die bisher behandelten Punkte waren dem Fragenden bekannt – er bleibt nur weiter interessiert, wenn das Thema vertieft wird.*
- *Möglicherweise will sich ein Teilnehmer damit auch lediglich profilieren und zeigen, daß er zumindest den gleichen Kenntnisstand hat wie der Vortragende.*

*Mögliche Reaktion:*

- *Die Frage aufschieben und notieren. Dann am entsprechenden Gliederungspunkt den Frager an seine Frage erinnern.*

  *Wenn der Punkt nicht mehr behandelt wird:*

- *Frage notieren und einen Termin im Anschluß an die Präsentation vereinbaren.*

Lassen Sie sich durch solche Fragen auf keinen Fall dazu verführen, späteren Themen vorzugreifen oder sich auf eine intensive fachliche Diskussion einzulassen. Diese Gefahr besteht besonders dann, wenn Sie und Ihr Zuhörer an diesem Punkt besonderes Interesse haben.


*Fragen zu Grenzbereichen des Themas*

Die bisher besprochenen Fragetypen waren symptomatisch für interessierte Präsentationsteilnehmer. Aber genauso wie Interesse kann auch Desinteresse durch typische Fragen zum Ausdruck kommen. Dies kann bei Fragen zu Grenzbereichen der Fall sein.

*Informationswert:*

- *Der Fragesteller hat andere Interessen.*
- *Die Bereitschaft, der Präsentation zu folgen, ist nicht sehr hoch.*
- *Eventuell handelt es sich auch um Test- beziehungsweise Prestigefragen, mit denen Ihre Kompetenz ausgelotet werden soll.*

*Mögliche Reaktion:*

- *Mit einer Gegenfrage reagieren – zum Beispiel den Frager bitten, den Zusammenhang zwischen Frage und Thema zu verdeutlichen.*
- *An die Gliederungspunkte der Präsentation erinnern und gegebenenfalls Termin anbieten.*

Fragen zu Grenzbereichen können sehr schnell auf die Nerven gehen – nicht nur Ihnen, sondern auch den Teilnehmern. Denken Sie aber daran, daß bissige, sarkastische oder ironische Antworten nichts einbringen. Im Gegenteil – oft führen solche Bemerkungen zu einem Solidarisierungseffekt unter den Teilnehmern der Präsentation.

(Im übrigen gibt Ihnen das Ausmaß, in dem die Teilnehmer vom Thema wegführende Fragen dulden oder sogar unterstützen, einen deutlichen Hinweis auf die Einstellung der Teilnehmer zum Hauptthema – oder schlimmstenfalls zu Ihnen als Vortragenden!)

## Vom Umgang mit anderen Standpunkten

Wenn wir mit den Teilnehmern unserer Präsentation zum Dialog kommen, haben wir es nicht nur mit deren Fragen zu tun. Schnell kommen wir auch zu einem Punkt, wo wir uns mit *Einwänden* auseinandersetzen müssen.

Viele Diskussionsleiter haben Angst vor Einwänden. Sie sind der Überzeugung, daß sie Einwände vermeiden könnten, wenn es Ihnen nur gelänge, von vornherein richtig und überzeugend zu argumentieren. Sie betrachten Einwände als Kampfansagen und damit Positionen, die man in irgendeiner Form „niederringen" muß.

> *Erfolgreiche Einwandbehandlung beginnt daher in unserem Kopf – damit nämlich, daß wir Einwände betrachten als das, was sie wirklich sind: keine „Kampfansagen", sondern Aussagen unserer Teilnehmer über ihren Standort – und damit wertvolle Orientierungshilfen für das Gespräch.*

Am besten sollten wir die Worte „Einwand" und „Einwandbehandlung" ganz aus unserem Vokabular streichen. In den meisten Anweisungen für die Behandlung von Einwänden (sei es für Diskussionen, sei es für den Verkauf) wird zwar gesagt, daß man Einwände nicht beseitigen, sondern *behandeln* soll – aber gerade diese Aufforderung zeigt, daß ein Einwand als eine Art Barriere gesehen wird, die zwischen zwei Gesprächspartnern steht. Das Wort „Behandlung" suggeriert, daß da etwas im Raum steht, was man ähnlich wie einen Tumor behandeln, also herausoperieren muß.

110

Daher verzichten wir darauf, hier irgendwelche „hundertprozentig wirksamen" Techniken der Argumentation und Einwandbehandlung vorzustellen:

Verlassen wir uns auf solche Techniken, haben wir schon unbewußt im Kopf, daß wir unsere Gesprächspartner manipulieren können. Aber Menschen waren schon immer sehr empfindlich gegenüber jeder Form von Manipulation – und daher besteht die Gefahr, daß sich eine „elegante" Technik der Argumentation schnell in ihr Gegenteil verkehrt.

Andere versuchen, schon vor der Diskussion auf alle möglichen Einwände eine vorgefertigte Antwort zu finden, die den Einwand „hundertprozentig" widerlegen wird. Vorgefertigte Argumente erzeugen aber eine falsche Sicherheit und verstellen ganz einfach den Blick für das, was unser Gesprächspartner sagt. Wir sind dann nicht mehr in der Lage, *hinter* die Worte unseres Gegenüber zu schauen. Und damit geben wir etwas auf, was doch den wesentlichen Teil einer *guten* Argumentation ausmacht:

> *richtig hinzuhören und dadurch herauszufinden, wo unser Gesprächspartner gedanklich steht.*

Als allererstes – bevor wir in irgendeiner Form auf einen „Einwand" reagieren – sollten wir uns daher immer wieder bewußt machen:

**Es gibt niemals objektiv „richtige" oder „falsche" Standpunkte, es gibt so viele Standpunkte, wie es *Interessen* gibt!**

Da jeder Einwand subjektiv – vom Standpunkt dessen, der ihn vorbringt – auch *berechtigt* ist, verdient er auch eine angemessene Antwort.

*Nicht* angemessen sind zum Beispiel folgende Reaktionen:

> *„Ich finde Ihre Bemerkung ausgezeichnet, aber Sie haben sich im Raum geirrt."*
> *„Ich glaube, Ihre besten Gründe haben Sie noch in Reserve gehalten. Denn was Sie jetzt vorgebracht haben, das können unmöglich Ihre besten Argumente gewesen sein!"*
> *„Wenn Sie schon nichts sagen, sollten Sie es nicht so sagen."*
> *„Daß Sie sich bemerkbar machen, ist Ihr gutes Recht. Aber durch die Form setzen Sie sich ins Unrecht."*

*„Mir scheint, Ihr Zwischenruf ist von Privatärger belastet. Wo drückt Sie denn wirklich der Schuh?"*

*„Ich respektiere Ihre Meinung und bewundere Ihre Taktlosigkeit, mit der Sie diese vorbringen."*

*„Ich kann mich nicht erinnern, daß Sie eine Spezialeinladung als Störenfried erhalten haben."*

*„Ich lege keinen Wert darauf, recht zu bekommen, wenn ich recht habe."*

*„Sie haben recht, schlecht von Ihren Mitmenschen zu denken. Ihr Vorleben ist danach!"*

Bedienen Sie sich gern aus dieser „Argumentenkiste", wenn Sie von fehlenden Sachargumenten ablenken wollen. Engagierte Reaktionen Ihrer Zuhörer werden Ihnen gewiß sein!

*Aber nun im Ernst – welche Möglichkeiten haben wir, angemessen auf Einwände zu reagieren?*

Wenn Sie Ihre Gesprächspartner ernst nehmen, gibt es – wie schon gesagt – keine „Tricks" der Einwandbehandlung. Der erste Schritt sollte daher sein, daß Sie sich zunächst erst einmal aufrichtig bemühen, den Standpunkt Ihres Gesprächspartners zu verstehen – und dieses Verständnis auch zu *zeigen*.

- Am besten zeigen Sie dies dadurch, daß Sie zunächst einmal mit Ihren eigenen Worten das wiederholen, was Ihr Gesprächspartner *gemeint* (nicht lediglich gesagt!) hat.
- Vergewissern Sie sich dann durch eine Rückfrage, ob Sie Ihren Gesprächspartner wirklich richtig verstanden haben.
- Beginnen Sie Ihre Argumentation damit, daß Sie zunächst einmal Ihr Verständnis artikulieren:

  *„Von Ihrem Standpunkt aus ist es sicherlich konsequent, wenn Sie ..."*

Und erst dann können Sie damit beginnen, Ihren und den Standpunkt Ihres Gesprächspartners etwas näher zusammenzuführen – z. B. durch

- **bedingte Zustimmung (mit zusätzlichem Gesichtspunkt)**
  *„Ja, das ginge, wenn/wenn nicht ..."*

- **Abschwächung**

  *Gesprächspartner: „Das geht nicht!"*

  *Sie: „Sie meinen, das ist schwer realisierbar?"*

- **Umformulierung des Arguments in eine Frage**

  *„Sie fragen sich mit Recht ..."*

- **Zurückwerfen des Arguments**

  *„Sie haben völlig recht. Genau aus diesem Grund haben wir ja gerade ..."*

- **Herausstellen der unerwünschten Konsequenz**

  *„Das ist möglicherweise richtig. In diesem Fall würde das aber für Sie bedeuten ..."*

- **Eingrenzen**

  *„Wie sind Sie zu diesem Ergebnis gekommen?"*

  *oder durch Präzisieren:*

  *„Generell haben Sie völlig recht. Wenn wir unseren Vorschlag jedoch auf dieses spezielle Problem anwenden ..."*

Dies können natürlich nur allgemeine Hinweise sein. Vergessen Sie bitte nicht: Sie können keinen Gesprächspartner zwingen, sich Ihren Argumenten anzuschließen. Aber auch wenn eine Annäherung von Standpunkten im sachlichen Bereich nicht oder nur geringfügig möglich ist:

**Auf der persönlichen Seite kann die gegenseitige
Wertschätzung immer aufrechterhalten werden!**

Wir haben bis jetzt nur darüber gesprochen, wie man mit anderen Standpunkten umgehen sollte, die inhaltlich begründet sind. Manche Beiträge von Teilnehmern dienen aber weniger der Sache – sie haben vielmehr den Zweck, die *Person* in den Vordergrund zu stellen.

Bei jeder Präsentation werden Sie mindestens einen der folgenden Charaktere in mehr oder weniger ausgeprägter Form finden, wobei unsere Aufstellung keinen Anspruch auf Vollständigkeit erhebt:

- **Der Meinungsführer**

  *Wenn Sie seine Position anerkennen, kann er eine große Hilfe für die Diskussion sein. Beziehen Sie ihn daher häufig durch entsprechende Fragen in die Diskussion ein.*

- **Der Streitsüchtige**

  *Oberster Grundsatz: Ruhe bewahren und sich auf keine inhaltliche Diskussion einlassen. Ziehen Sie verstärkt die anderen Teilnehmer mit ins Gespräch und achten Sie darauf, daß nicht er allein die Diskussion dominiert.*

- **Der Redselige**

  *Unterbrechen Sie ihn taktvoll mit dem Hinweis, daß Sie die Redezeit begrenzen müssen, damit jeder Teilnehmer Gelegenheit zu Meinungsäußerung hat.*

- **Der Alleswisser**

  *Wenn möglich, notieren Sie die vorgebrachten Punkte und verweisen Sie auf eine spätere, vertiefende Behandlung. Wenn dies nicht geht, reichen Sie seine Theorien an die übrigen Teilnehmer weiter.*

- **Der Besserwisser**

  *Lassen Sie sich auf kein Streitgespräch ein. Bedanken Sie sich vielmehr für den wertvollen Beitrag – und verfahren Sie im übrigen wie beim „Alleswisser".*

- **Der „Ohnemichel"**

  *Packen Sie ihn bei seinem Ehrgeiz. Machen Sie ihm deutlich, daß Sie und die Gruppe von seinem Wissen und seinen Erfahrungen profitieren wollen.*

- **Der schlaue Fuchs**

  *Lassen Sie sich durch seine listigen Fragen nicht aufs Glatteis führen. Wenn möglich, geben Sie seine Fragen zur Beantwortung an die anderen Teilnehmer weiter.*

So unterschiedlich diese Charaktere und unsere Vorschläge zu ihrer Behandlung sein mögen – allen ist gemeinsam, daß Sie in erster Linie auf die Person und weniger auf den Inhalt der vorgebrachten Argumente oder Fragen eingehen müssen.

Und noch ein genereller Tip zum Schluß:

Keiner verlangt von Ihnen, daß Sie alle Klippen der Diskussion im Alleingang bewältigen. Bei aller eventuell vorgebrachten Kritik werden Sie auch feststellen, daß Sie immer Verbündete in der Gruppe haben, die Ihnen in einer schwierigen Situation gerne zu Hilfe kommen.

**Vergessen Sie Ihre Teilnehmer als Einwandbehandler nicht.**
**Nutzen Sie deren Hilfe, falls es notwendig sein sollte!**

## Diskussions- und Entscheidungsprozesse transparenter machen

Wie eine Diskussion verläuft, ist nicht nur davon abhängig, welche Sachbeiträge gebracht werden. Entscheidender ist oft das *Klima* der Diskussion selbst.

Viele Diskussionen laufen deshalb schief, weil sich die Beteiligten der zwischen ihnen herrschenden Klimastörungen gar nicht bewußt sind. Der Grund ist in unserer Erziehung zu suchen. Von Kind an bekommen wie eingeredet, daß Spannungen und Konflikte unnötig und unerwünscht sind („Wir wollen uns doch nicht streiten!"). Weil Spannungen und Aggressionen also „verboten" sind, entwickelt unsere Psyche oft raffinierte Mechanismen, emotionale Probleme zu rationalisieren: „Bitte fassen Sie das nicht persönlich auf, aber ..." – solche und ähnliche Redewendungen sind die Signale dafür.

Es gibt noch einen zweiten Grund, daß die eigentlichen Ursachen von Meinungsverschiedenheiten nicht offengelegt werden. Er ist ebenfalls tiefen psychologischer Natur. Austausch von Informationen bedeutet ja meist auch Austausch von neuen Erfahrungen. In den wenigsten Fällen machen wir uns dann bewußt, daß unsere persönlichen Erfahrungen ja nicht einfach ein wertneutraler Besitz sind, sondern eine wesentliche Stütze unseres Selbstbildes, unserer Identität.

Die Reaktion auf neue Informationen ist daher oft zunächst instinktive Abwehr. Eine berechtigte Abwehr, die verhindern soll, daß unser Selbstbild erschüttert wird. Unsere Waffen zur Verteidigung sind dann die bekannten „Killerphrasen": „Das haben wir doch noch nie so gemacht ...", „Das ist doch schon immer so gewesen!" usw.

Ängstliches Vermeiden von Konflikten und defensive Reaktionen gegenüber neuen Erfahrungen können also bei Diskussionen dazu beitragen, daß die Teilnehmer nicht nur aneinander, sondern auch *an sich selbst* vorbeireden!

Sie können diese Behauptung leicht selbst überprüfen, wenn Sie bei einer Ihrer nächsten Arbeitsbesprechungen nicht nur auf den Gesprächsinhalt, sondern auch auf den Gesprächs*prozeß* achten:

— *Wer redet mit wem bzw. gegen wen?*
— *Enthalten Sachaussagen versteckte persönliche Angriffe?*
— *Haben Sie das Gefühl, daß wichtige Dinge unausgesprochen bleiben?*
— *Scheinen einige Teilnehmer etwas ganz anderes zu meinen, als Sie eigentlich sagen?*

Eine solche Prozeßbeobachtung macht sehr schnell deutlich, daß Spannungen und Konflikte sich nicht einfach dadurch ausschalten lassen, daß sie „nicht zur Sache gehören".

> Da fragt zum Beispiel ein Konferenzteilnehmer: „Wer hat eigentlich diesen Plan aufgebracht?" Die Antwort: „Das tut doch jetzt nichts zur Sache!" ist zwar sachlich nicht anfechtbar („Wir wollen doch hier nicht persönlich werden!"), und der Frager muß diese Antwort akzeptieren. Aber damit bleibt unausgesprochen, was *eigentlich* gemeint wurde: „Ich habe den Verdacht, daß dieser Plan hinter meinem Rücken von der „Konkurrenz"abteilung mit der Geschäftsleitung ausgeheckt wurde. Ich fühle mich übergangen und bin entschlossen, diesen Plan deshalb zu sabotieren!"

Wir kommen damit wieder zum schon beschriebenen Kernproblem eines jeden Gesprächsprozesses:

**Jeder Sachbeitrag hat immer auch eine persönliche und damit emotionale Komponente.**

Die allgemeine Überzeugung lautet, daß die Aufgabe einer guten Diskussionsleitung darin besteht, auf die Verfolgung des Sachziels zu achten und persönliche Emotionen der Teilnehmer möglichst zu dämpfen. Diese Regel kann jedoch aus den oben erwähnten Gründen nicht funktionieren. Um ein gutes Diskussionsklima zu schaffen, bei dem sich die Gesprächspartner gegenseitig akzeptieren und Probleme offen besprechen können, ist neben der Klärung der sachlichen Dinge auch die Klärung der Ziele, Motive und Beziehungen der Gesprächsteilnehmer notwendig. Es müssen also drei Komponente des Gesprächsprozesses berücksichtigt werden:

— die Bedürfnisse des **Themas**
  (die Sachebene, das „Es")
— die Bedürfnisse des **Individuums**
  (die Motivebene, das „Ich")
— die Beziehungen der Individuen in der **Gruppe**
  (die Beziehungsebene, das „Wir").

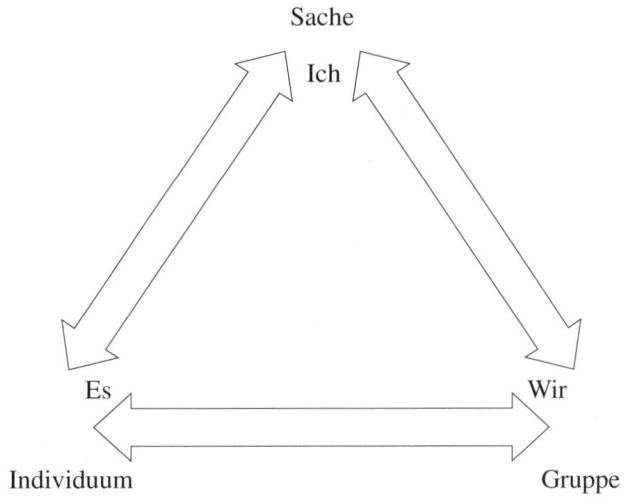

Um eine Diskussion erfolgreich zu machen, muß der Diskussionsleiter also persönliche Dinge nicht heraushalten, sondern im Gegenteil den Gesprächsprozeß *personalisieren*. Der Diskussionsleiter benötigt also eine Art Zauberstab, mit dem er die geforderte Balance zwischen den Bedürfnissen des Es, Wir und Ich herstellen kann.

Es gibt einen solchen Zauberstab: eine Sammlung praktikabler gruppendynamischer Kommunikationsregeln, die seit ihrer Entwicklung schon vielen Arbeitsgruppen geholfen haben, ihre Kommunikationsprobleme besser als bisher zu lösen. (Für Interessierte: Es sind die Regeln der sogenannten „Themenzentrierten Interaktion", entwickelt von R. Cohn.)

Grundidee dieser Regeln ist, daß sie die Gesprächsteilnehmer einer Gruppe dazu zwingen, sensibler für die Gesprächsdynamik zu werden, die den Kommunikationsprozeß beeinflußt, ohne daß dabei die Sachprobleme aus den Augen gelassen werden.

Die Regeln, die wir im folgenden vorstellen, erscheinen zunächst verblüffend einfach. Bevor Sie aber diese Feststellung treffen, nehmen Sie doch einmal unter dem Gesichtspunkt dieser Regeln kritisch an Ihrer nächsten Konferenz oder Teambesprechung teil. Sie werden schnell feststellen, wie oft dagegen verstoßen wird!

## Gesprächsregeln für Diskussionen

### Regel 1:

*„Jeder ist für sich selbst verantwortlich!"*
Versuchen Sie nicht, die Gründe für Ihr eigenes Unbehagen anderen in die Schuhe zu schieben. Wenn Sie sich von anderen übergangen fühlen, können nur Sie selbst es ändern. Nicht allein der Gesprächsleiter, Sie alle sind für den Erfolg oder Mißerfolg einer Diskussion verantwortlich.

### Regel 2:

*„Sprechen Sie nicht per ‚man' oder ‚wir', sondern per ‚ich'!"*
Sagen Sie also nicht „Wir meinen doch alle ..." oder „Man sollte jetzt aber ...". Das suggeriert einen Konsens, der oft gar nicht vorhanden ist.

Haben Sie den Mut zum „ich" und damit zum Risiko des persönlichen Engagements!

### Regel 3:

*„Leiten Sie die Fragen dadurch ein, daß Sie erklären, was diese für Sie bedeuten!"*

Persönliche Aussagen sind normalerweise besser als unechte Fragen. Sie machen eigene Standpunkte klar und helfen den anderen, ebenfalls offener zu werden. Inquisitorische Fragen enthalten oft versteckte Angriffe und erzeugen Abwehr oder Gegenangriffe („Wer hat eigentlich diesen Plan aufgebracht ...?"). Sagen Sie also offen, warum für Sie persönlich diese Frage wichtig ist.

### Regel 4:

*„Wenn mehrere gleichzeitig sprechen wollen, muß vor der weiteren Behandlung des Sachthemas eine Einigung über den Gesprächsverlauf herbeigeführt werden!"*

Auf diese Weise werden schnell die verschiedenen Interessen der Gesprächsteilnehmer geklärt. Es wird verhindert, daß sich immer die „Vielredner" durchsetzen. Es darf nur einer auf einmal reden.

### Regel 5:

*„Gesprächsstörungen müssen vorrangig behandelt werden!"*

Seitengespräche zwischen zwei Teilnehmern, Konzentrationsschwierigkeiten, Langeweile, Ärger oder Ermüdung werden oft vertuscht, um nicht zu „stören". Oft liegen aber solchen „Störungen" wesentliche, auch für die Gruppe interessante Probleme eines Gruppenmitglieds zugrunde. Werden diese Störungen nicht behandelt, geht der Kontakt dieses Gruppenmitglieds zur Gruppe verloren, und die Arbeitsfähigkeit der Gruppe wird gemindert. Die Erfahrung hat gezeigt, daß der Zeitverlust, der durch die Aufarbeitung einer Störung entsteht, durch die verbesserte Kohäsion, für das gegenseitige Verständnis und damit für die verbesserte Arbeitsfähigkeit der Gruppe aufgewogen wird.

**Regel 6:**

*„Vermeiden Sie Interpretationen anderer und teilen Sie statt dessen lieber nur Ihre persönliche Wahrnehmung oder Ihre persönliche Reaktion mit!"*

Interpretationen sind meistens falsch, wenig hilfreich und fordern zu Abwehrreaktionen heraus. Sagen Sie also nicht: „Sie sind arrogant!" oder: „Sie wollen die Gesprächsführung an sich reißen!", sondern lieber: „Ich ärgere mich, weil Sie immer lächeln, wenn ich etwas sage!" oder: „Ich fühle mich gestört, weil Sie mich jetzt schon das zweite Mal unterbrochen haben!" Sie helfen damit dem anderen, sich selbst besser zu sehen, und haben eher eine Erklärung als einen Gegenangriff zu erwarten!

**Regel 7**

*„Richten Sie Ihre Aussagen nicht an die ganze Gruppe, sondern immer an bestimmte Personen!"*

Sagen Sie also nicht: „In dieser Atmosphäre können wir nicht produktiv arbeiten!", sondern: „Mir fällt es schwer, meine Ideen hier spontan zu äußern, weil Sie, Herr X, bis jetzt jeden meiner Vorschläge abqualifiziert haben." Denken Sie immer daran, Sie haben es nicht mit einer „Gruppe" zu tun, sondern mit einer Anzahl von Menschen mit zum Teil ganz verschiedenen Motiven und Bedürfnissen. Sprechen Sie also diese Menschen, nicht die Gruppe an.

Warum hat das Beachten dieser „einfachen" Regeln eine so positive, nach den bisherigen Erfahrungen sogar oft verblüffende Wirkung auf das Diskussions- und Arbeitsklima einer Gruppe?

Ihnen allen ist gemeinsam, daß sie die persönliche Beziehungsebene einer Gruppe verstärkt ins Gespräch bringen und die Selbstverantwortlichkeit der Gruppenmitglieder immer wieder deutlich machen. Spannungen werden nicht verdrängt, sondern sichtbar gemacht, und damit ihre unproduktive Dynamik aufgehoben.

In einem Gespräch, in dem die oben beschriebene Balance zwischen dem Es, Wir und Ich nicht erreicht, sondern sich auf „die Sache" konzentriert wird, lassen sich aber die Bedürfnisse des Wir und des Ich nicht einfach ausschalten!

Lange und unfruchtbare Diskussionen könnten vermieden werden, wenn dieser Tatbestand mehr in das Bewußtsein von sachorientierten Diskussionsleitern treten würde.

Damit ist auch der mögliche Einwand beantwortet, die Anwendung dieser Regeln sei für eine „normale" Diskussion zu zeitraubend. Das verbesserte Klima, das bessere gegenseitige Verständnis und die dadurch ermöglichte effektivere Bearbeitung von Problemen macht den geringen zusätzlichen Zeitaufwand mehr als wett.

Vielleicht erscheint Ihnen das Anwenden dieser Regeln doch zu beziehungsbetont?

Dann möchten wir zum Abschluß dieses Kapitels, um die Balance wieder herzustellen, noch einige Hinweise für den sachlichen Teil von Diskussionen geben.

Die meisten Diskussionen, in denen es um Entscheidungen geht, kranken daran, daß irgendwann im Laufe der Diskussion der Überblick über das verloren geht, was eigentlich erreicht werden sollte. So verbeißt man sich dann in Einzelheiten, bevor überhaupt das Problem genau definiert wurde. Oder man streitet schon über die Folgen bestimmter Lösungen, während die Lösungen selbst noch gar nicht richtig ausgelotet wurden.

Zwei wichtige Grundsätze können dabei helfen, Entscheidungsdiskussionen auf eine rationale Grundlage zu stellen und zu verhindern, daß eine Diskussionsrunde sich im Kleinkrieg um persönliche Positionen verliert. Wir haben sie aus dem bekannten „Harvard-Konzept des sachbezogenen Verhandelns" entnommen, das von einem Forschungsteam der Harvard-Universität entwickelt wurde (*siehe auch Literaturverzeichnis*):

### Grundsatz 1:

### Nicht Standpunkte, sondern Interessen in den Mittelpunkt stellen!

Die meisten Entscheidungsprozesse in Gruppen laufen so ab, daß in einer gewissen Abfolge Standpunkte vertreten (also Positionen eingenommen und wieder aufgegeben) werden.

*A sagt zum Beispiel: „Wir benötigen für unser Projekt DM 200.000. ",
B erwidert: „Wir können nur die Hälfte zur Verfügung stellen!" –
und dann treffen sich beide – vielleicht – nach längeren Verhand-
lungen irgendwo in der Mitte.*

Gesprächspartner, die um Positionen feilschen, tendieren dazu, sich schließlich in
diesen Positionen selbst zu fangen, weil sich ihr Ego mit der von ihnen eingenom-
menen Position identifiziert. Je mehr Aufmerksamkeit man den Positionen widmet,
um so weniger dringt man aber zu den dahinter liegenden Problemen vor:

Denn das Grundproblem bei Entscheidungskonflikten liegt nicht in gegensätzlichen Positionen, sondern im Konflikt der wechselseitigen Wünsche, Sorgen
oder sogar Ängste – also der unterschiedlichen *Interessen*!

### Interessen sind die eigentlichen Beweggründe, die hinter Positionen stehen!

Zwei Kollegen streiten in ihrem gemeinsamen Büroraum. Der eine
möchte das Fenster offen haben (Position A), der andere geschlossen
(Position B). Sie zanken herum, wie weit man das Fenster öffnen soll:
einen Spalt weit, halb offen oder ganz offen. Keine dieser Positionen (!)
befriedigt beide. Schließlich kommt eine Kollegin herein und fragt,
worum der Streit geht. „Ich brauche frische Luft!" (Interesse A) sagt
der eine. „Ich kann keine Zugluft vertragen!" (Interesse B) sagt der
andere. Nach kurzem Nachdenken öffnet die Kollegin im Nebenraum
ein Fenster weit. Jetzt kommt frische Luft herein, ohne daß es zieht.

Nur eine kleine „Geschichte" – aber typisch auch für größere Diskussionen um
die „richtige" Lösung!

Es ist eben ein Irrtum anzunehmen, daß ein Gesprächspartner, der eine gegensätzliche Position als die eigene vertritt, auch gegensätzliche *Interessen* haben muß.

### Hinter gegensätzlichen Positionen können gemeinsame oder zumindest ausgleichbare Interessen stehen!

Wir wollen dies an einem Alltagsbeispiel – an den unterschiedlichen Vorstellungen eines Mieters und seines Vermieters bei der Verhandlung über einen
Mietvertrag – deutlich machen.

122

Die gegensätzlichen Positionen:

> *Mieter: „Die Miete ist zu hoch!" – Vermieter: „Die Miete ist zu niedrig!"*

Gegensätzliche *Interessen*, die hinter diesen Positionen stehen können:

> *M: „Die Lebenshaltung wird immer teurer, ich kann nicht noch mehr Miete zahlen." – V: „Die Lebenshaltung wird immer teurer, ich muß mehr einnehmen."*

Vielleicht aber überwiegen die gemeinsamen Interessen, so daß beide Parteien doch zu einer Einigung kommen können, die beide zufriedenstellt:

- *Beide wünschen Stabilität: der Vermieter einen dauerhaften Mieter, dieser eine dauerhafte Adresse.*
- *Beide möchten die Wohnung in Ordnung halten: Der Mieter will darin wohnen, der Vermieter den Wert der Wohnung erhalten.*
- *Beide wollen gute Beziehungen: Der Vermieter einen Mieter, der seine Miete pünktlich bezahlt – der Mieter einen Vermieter, der notwendige Reparaturen prompt ausführen läßt.*

Der nächste wichtige Schritt in einer Entscheidungsdiskussion ist, daß vor der Diskussion über mögliche Lösungen eines Problems Grundsätze aufgestellt werden müssen, nach denen die Bewertung der Lösungen erfolgen soll:

### Grundsatz 2:

### Die Bewertung von Lösungen auf objektiven Entscheidungsprinzipien aufbauen!

Das Problem bei der Diskussion verschiedener Lösungsmöglichkeiten eines Problems ist meistens, daß jeder Lösungsvorschlag von den beteiligten Parteien sofort bewertet wird. Die Kriterien, nach denen bewertet wird, sind den Parteien aber zumeist nicht bewußt. Die Bewertungsmaßstäbe werden daher nicht geprüft, sondern sofort über „richtige" und „falsche" Lösungen gestritten.

Bevor man daher über Lösungen diskutiert, sollte man sich vorher über Prinzipien und Kriterien einigen, nach denen ein Vorschlag *von allen Beteiligten* bewertet werden soll. Die Diskussion über die Lösungsvorschläge selbst kann dann viel objektiver erfolgen, weil sie nur noch auf die vorher festgelegten Prinzipien oder Kriterien abgefragt werden müssen.

Der folgende Fragenkatalog soll noch einmal zusammenfassen, welche Fragen Sie neben der Frage der Entscheidung selbst mit den Teilnehmern klären müssen:

### Fragen für die Entscheidungsphase einer Präsentation

*Wie bestimmen wir möglichst präzise das Ziel und die Mittel zum Erreichen dieses Ziels?*

- *Was wollen wir erreichen?*
- *Wie wollen wir es erreichen?*

*Nach welchen Kriterien sollen die Lösungsvorschläge bewertet werden?*

- *Wie entscheiden wir, ob ein Vorschlag zur Erreichung unserer Ziele geeignet ist?*
- *Können wir einen Maßstab für die Eignung eines Vorschlags finden?*

*Welche gemeinsamen und unterschiedlichen Interessenlagen und Zielvorstellungen bestehen?*

- *Was will jeder einzelne Teilnehmer mit dem erzielten Ergebnis erreichen?*
- *Warum und in welchem Maße ist die Entscheidung für ihn wichtig?*

*Stehen alle Informationen zur Verfügung, um zu einer Entscheidung kommen zu können?*

- *Welche Informationen sind wichtig, welche relativ unwichtig für die Entscheidung?*

Und schließlich muß nach der Entscheidung die Frage der Akzeptanz geklärt werden:

*Ist die Bereitschaft jedes einzelnen Teilnehmers, sich hinter die getrof-fene Entscheidung zu stellen, sichergestellt?*

- *Waren alle ausreichend am Zustandekommen der Entscheidung beteiligt?*
- *Sind wir alle überzeugt, eine gute Lösung gefunden zu haben?*

*Wenn man Ihnen glaubt,
glaubt man auch Ihrer Sache!*

# Der „subjektive Faktor":
# Vom persönlichen Anteil am Präsentationserfolg

Zum Abschluß unserer Überlegungen zur Überzeugungsarbeit möchten wir noch auf einen Erfolgsfaktor eingehen, der mindestens ebenso wichtig ist wie gute Vortragstechnik, gute Diskussionsführung oder der brillante Einsatz von Medien:

*Sie selbst!*

Wir haben am Anfang dieses Buches gesagt, daß der Nutzen Ihrer Zuhörer im Vordergrund stehen muß, wenn Sie Ihre Ideen darstellen. Das heißt aber nicht, daß Ihre Rolle bei der Präsentation die eines neutralen Berichterstatters oder Informanten ist.

Sie sind parteiisch – und Sie dürfen und sollen dies auch in den Augen Ihrer Zuhörer sein.

Zuhörer haben ein sehr feines Gespür für die Einstellung des Vortragenden – ob er nur eine lästige Pflichtübung absolviert oder ob er hinter den vorgebrachten Ideen steht.

**Nur wenn Sie selbst von Ihrem Vorschlag überzeugt sind,
werden Sie überzeugen können.**

## Welche Eigenschaften fördern den Erfolg?

Überzeugt sein von den eigenen Ideen bedeutet nicht, daß man die eigenen Ansichten und Anschauungen absolut setzt. Andere Sichtweisen und Argumente zu akzeptieren bedeutet ja nicht bedingungslose Zustimmung, sondern die Bereitschaft, sich mit anderen Standpunkten kritisch und vorbehaltlos auseinanderzusetzen.

*Und das setzt voraus, daß wir uns zunächst einmal mit uns selbst auseinandersetzen!*

Jeder von uns hat Eigenschaften und Angewohnheiten, die in der Summe unsere Individualität, unsere Person ausmachen. Unsere Person können wir während einer Präsentation nicht verstecken. Schauen wir uns einmal die beiden folgenden Einleitungen an, mit denen zwei Redner ihren Vortrag vor den Führungskräften eines Unternehmens beginnen, das in den letzen Jahren unter einer schlechten Ertragslage gelitten hat:

Möglichkeit 1

*„Meine Damen und Herren! In Ihrer letzten Bilanz ist ein Defizit von xy Millionen DM ausgewiesen. In diese Situation wären Sie nie geraten, wenn Sie dem Vorschlag gefolgt wären, den unsere Kommission schon im Jahre yz gemacht hat!"*

Möglichkeit 2

*„Meine Damen und Herren! Auch Rückschläge können zum Erfolg führen. Die Devise heißt lediglich: Einmal mehr aufstehen als hinfallen! Wie schreiben wir wieder schwarze Zahlen? Ich bin heute hier, um mit Ihnen gemeinsam über erfolgversprechende Möglichkeiten zu diskutieren, wie wir ... "*

Sie werden sicher zustimmen, daß die Art, wie die beiden Redner hier begonnen haben, weniger mit ihren rhetorischen Fähigkeiten zu tun hat – es ist jeweils unmittelbarer Ausdruck einer sehr unterschiedlichen Einstellung zu sich selbst und zu den Zuhörern!

Neben Fertigkeiten, die sich vermitteln lassen, sollte daher jeder Vortragende auch einige persönliche Eigenschaften, Haltungen und Einstellungen besitzen, die dazu beitragen, daß seine Worte die Zuhörer nicht nur intellektuell, sondern auch auf der Gefühlsebene erreichen:

- *Das Überzeugtsein von der eigenen Sache*

  Glaubwürdigkeit kann nur dann entstehen, wenn man selbst an das glaubt, was man vertritt. Darüber haben wir eingangs schon gesprochen. Lassen Sie also Ihre Zuhörer nicht über Ihren Standort rätseln. Zeigen Sie, daß Sie hinter Ihren Argumenten stehen.

- *Das Eingeständnis der eigenen Subjektivität*

  Nur wer anerkennt, daß andere Sichtweisen der Welt genauso berechtigt sind wie die eigene, kann andere Ansichten verstehen und andere Meinungen akzeptieren. Diese Haltung ist die Grundlage für echtes *Einfühlungsvermögen*: die Fähigkeit, sich auf die Interessen und Bedürfnisse seiner Gesprächspartner einzustellen.

  Nur mit dieser Haltung wird aus einem Gegenüberstellen von Standpunkten ein echter *Dialog*!

- *Das Bekennen der eigenen Stärken und Schwächen*

  Echte Selbstsicherheit wird nur möglich, wenn man sich zu seinen eigenen Stärken und Schwächen bekennt. Unmittelbarer Ausdruck dieser Einstellung zu sich selbst ist die Gelassenheit, Ausgeglichenheit und *Natürlichkeit*, mit der man vor ein Plenum tritt.

  Messen Sie also Ihr Auftreten nicht mit dem Maßstab der Perfektion. Nur wenn Sie Ihren Zuhörern ungekünstelt und offen gegenübertreten, wird diese Haltung zu Ihnen zurückspiegeln!

Wenn Sie etwas mehr darüber herausfinden wollen, welche Einstellungen Sie zu sich selbst und Ihren Zuhörern haben, dann schauen Sie sich die folgende Rednerliste an (zusammengestellt von Dr. Nico Böddeker). Vielleicht finden Sie sich ja in dem einen oder anderen der beschriebenen Typen wieder?!

Und wenn nicht, dann haben Sie neben dem Vergnügen auch noch einen Lerneffekt – denn lernen kann man auch an Negativ-Beispielen!

- **Dr. Nebelzahl**

*Vorgehen:* Alles wird auf das gründlichste mit Zahlen (drei Stellen hinter dem Komma), Angaben über die Population, Varianzanalysen, Signifikanzen etc. belegt.

*Motiv:* Angst vor dem Vorwurf der Unwissenschaftlichkeit und/oder Computerfetischismus.

*Effekt:* Der Zuhörer kann nicht herausfiltern, was an Informationen wirklich wichtig ist, und schaltet ab.

*Nebeneffekt:* Der Zuhörer hält den Vortragenden für einen kritischen, unbestechlichen Wissenschaftler mit glasklarem Verstand.

*Lerneffekt:* gering

Lernen können wir von Dr. Nebelzahl:

> *Er strahlt Überzeugtheit von seiner Methode aus, und zumindest das ist wichtig!*

- **Dr. Mabuse**

*Vorgehen:* Sprache ziemlich schnell, gleichmäßig im Tempo, ohne Pausen, ohne stimmliche Modulation, ohne erkennbares Engagement.

*Motiv:* Distanz zum Zuhörer herstellen, damit Rückfragen (und auch Verständnis) vermieden werden.

*Effekt:* Das Publikum schläft ein.

*Nebeneffekt:* Das Publikum hält den Vortragenden für einen unbestechlichen, redlichen Wissenschaftler.

*Lerneffekt:* ? (Man soll auch im Schlaf lernen können!)

Lernen können wir von Dr. Mabuse:

> *Er ist sicher glänzend vorbereitet.*

- **Dr. Heeremann**

*Vorgehen:* Gags und Zweideutigkeiten bringen die Zuhörer pausenlos zum Lachen.

*Motiv:* Unterschiedlich: Menschenliebe – Menschenverachtung – man hat nichts zu sagen – man hat zu viel zu sagen – Gleichgültigkeit – Schnaps ...

*Effekt:* Auflockerung

*Nebeneffekt:* Unterschiedlich: steht der Vortragende in der Hierarchie oben: Begeisterung – steht er in der Hierarchie unten: Das war ja wohl fehl am Platze.

*Lerneffekt:* Positiv, besonders auf den nachfolgenden Vortrag, weil wacher.

Lernen können wir von Dr. Heeremann:

> *Gags, auch wenn sie nicht zwingend zum Thema gehören, können Aufmerksamkeit und Akzeptanz erhöhen.*

- **Mr. King**

*Vorgehen:* Steht lässig angelehnt, eine Hand in der Hosentasche, ignoriert das Mikrophon; Ton der Herablassung und des Ich-weiß-es-sowieso-besser; zeigt sich nicht sonderlich interessiert am Thema.

*Motiv:* Selbstdarstellung; Abgrenzung gegenüber dem Publikum.

*Effekt:* Die Zuhörer fühlen sich unter Umständen nicht ernstgenommen, Oppositionstendenz.

129

*Nebeneffekt:* Wird subtil angriffen oder ignoriert, imponiert aber Anfängern.

*Lerneffekt:* Der Inhalt würde gern angenommen – wenn nur der Vortragende nicht wäre!

Lernen können wir von Mr. King:

> *Todernst sollte man eine Präsentation niemals nehmen.*

- **Prof. Möbelpacker**

*Vorgehen:* Packt möglichst viel Information in die Redezeit (und überzieht sie).

*Motiv:* Da er sonst zu viel – für ihn Wichtiges – auslassen würde, denkt er, die Zuhörer könnten ihn für oberflächlich halten oder einige Dinge nicht bedenken.

*Effekt:* Der Zuhörer, der in dem Thema nicht drinsteckt, nimmt nach den ersten Informationen nichts mehr auf und schaltet ab.

*Nebeneffekt:* Der Vortragende wird von einigen der nichts verstehenden Zuhörer für enorm kompetent gehalten.

*Lerneffekt:* gering

Lernen können wir von Prof. Möbelpacker:

> *Er macht sich wirklich Gedanken über Sonderfälle, Wenns und Abers, und er ist gut vorbereitet.*

- **cand. Verleihnix**

*Vorgehen:* Vorsichtige Andeutungen, auf spätere Veröffentlichungen verweisen ...

*Motiv:* Forschungen sind im Gange, und er hat Angst, daß Ergebnisse geklaut und möglicherweise dann früher publiziert werden könnten.

*Effekt:* zwischen Neugier und Frustration

*Nebeneffekt:* Ob er sich wichtig macht?

*Lerneffekt:* Hängt von den Erfahrungen ab, die man mit bisherigen Leistungen des Vortragenden gemacht hat.

Lernen können wir von cand. Verleihnix:

*Vorsicht mit vorschnellen Ergebnismitteilungen – sie können uns in einen bösen Zugzwang bringen.*

- **Prof. Stiller**

*Vorgehen:* Jede Feststellung wird durch eine Literaturangabe belegt. Der Vortrag beginnt natürlich mit: „Schon Aristoteles sagt ...". – Leise Stimme.

*Motiv:* Angst vor dem Vorwurf der Subjektivität und Unwissenschaftlichkeit; Versteckenwollen der eigenen Meinung.

*Effekt:* Kein Kontakt zur Person des Vortragenden; Langeweile.

*Nebeneffekt:* Der Vortragende wird für einen soliden, redlichen Wissenschaftler gehalten.

*Lerneffekt:* gering

Lernen können wir von Prof. Stiller:

> *Wenn ein anderer bereits einmal etwas gut ausgedrückt hat, sollte man sich nicht scheuen, entsprechende Anleihen zu machen.*

- **Cand. ejac. Präcox**

*Vorgehen:* Das (einzige) Bonbon wird gleich zu Beginn gebracht.

*Motiv:* Der Vortragende will rasch die Meinungsbildung positiv für sich beeinflussen.

*Effekt:* Die Zuhörer werden aufmerksam, dann aber in den hochgestellten Erwartungen enttäuscht.

*Nebeneffekt:* Der Vortragende wird für einen Blender gehalten.

*Lerneffekt:* Kommt auf die Dicke des Bonbons an.

Lernen können wir von cand. ejac. Präcox:

> *Man soll Bonbons bewußt einsetzen.*

## • Dr. Simmel

*Vorgehen:* Es wird eine abenteuerliche, mit Anekdoten gewürzte Geschichte des Forschungsvorhabens geschildert, in die einige Ergebnisse eingebunden werden.

*Motiv:* Der Vortragende steckt mit seinem ganzen Dasein in dieser Forschung und kann gar nicht anders, als es so vermitteln.

*Effekt:* Die Zuhörer sind gebannt und wach.

*Nebeneffekt:* Abhängig von der Stellung des Vortragenden; unter Umständen ist man sich nicht ganz sicher, ob man die Ergebnisse ganz ernst nehmen muß.

*Lerneffekt:* eher hoch

Lernen können wir von Dr. Simmel:

> *Wenn persönliches Engagement gezeigt wird, wird der Vortragende überzeugender. Eingestandene Faszination überträgt sich auf den Zuhörer und steigert Interesse und Lerneffekt.*

## • Dr. Polyglott

*Vorgehen:* möglichst viele – zwar meist richtige – Fremdwörter, die wenig bekannt sind; verklausulierte Grammatik

*Motiv:* Menschenverachtung, Selbstbezogenheit, Wunsch nach Distanz zum Zuhörer

*Effekt:* Die Zuhörer werden mangels Verständnis depressiv.

*Nebeneffekt:* Die Zuhörer halten den Vortragenden für eine überragende Koryphäe und werden sich nicht mit Fragen an ihn wenden.

*Lerneffekt:* gering

Lernen können wir von Dr. Polyglott:

*Zusammenhänge zu anderen Wissenschaften herzustellen verhindert Scheuklappenblick.*

## Über den Umgang mit Lampenfieber

Zum Schluß unseres Kapitels über die Persönlichkeit des Vortragenden möchten wir noch auf ein besonderes, „präsentationsbegleitendes Phänomen" eingehen. Dieses äußert sich bei dem einen lediglich durch ein leichtes „Kribbeln" im Magen, andere zeigen viel stärkere Symptome: Schweißausbrüche, Kopfschmerzen, schlagartige Ermüdung, Fieber, Durchfall – alle diese Reaktionen können durch *Lampenfieber* ausgelöst werden!

Wir behandeln das Thema Lampenfieber an dieser Stelle und nicht etwa im Abschnitt über die Vorbereitung eines Vortrags, weil Lampenfieber uns blockieren und die Ausstrahlung unserer Person vollständig überdecken kann. Angst macht „dumm"!

134

Um Lampenfieber zu bewältigen, sollten wir als erstes unsere Einstellung dazu ändern:

*Lampenfieber ist eine natürliche, positive Reaktion des gesunden Körpers!*

Lampenfieber ist eine im Prinzip positive *Streßreaktion.*

Wenn wir uns auf eine Aufgabe vorbereiten – speziell auf Leistungen oder Anforderungen, die uns mit Sorge und Ungewißheit erfüllen –, aktiviert unser Organismus verschiedene Wirkstoffe, vor allem Adrenalin. Diese Wirkstoffe steigern unser Reaktionsvermögen und erhöhen unsere Konzentrationsfähigkeit.

Diese Streßreaktion ist also erforderlich, damit wir im richtigen Augenblick „voll da" sind! Sie verschwindet sofort, wenn das befürchtete Ereignis eingetreten ist.

Die erste Regel, Lampenfieber erfolgreich zu bewältigen, lautet also:

**Nicht verdrängen, sondern zulassen!**

Darüber hinaus gibt es noch ein paar bewährte Tips und Tricks, wie man Blockaden abbauen kann, die durch Lampenfieber ausgelöst werden.

Wir haben sie im folgenden Praxis-Tip zusammengefaßt.

**Praxis-Tip: Umgang mit Lampenfieber**

*Entspannung + Konzentration*

Wenn Sie keine Technik der Kurzentspannung beherrschen (z. B. Autogenes Training), genügt es auch, wenn Sie mehrmals ausgiebig, aber langsam und „passiv" ausatmen.

Machen Sie danach eine kurze innere Pause, in der Sie sich gedanklich auf den Beginn des Vortrags konzentrieren.

### Autosuggestion

Denken Sie *positiv* über das, was Sie gleich tun werden.

Also nicht: „Ich habe keine Angst.", sondern:

- *Es ist ein gutes Gefühl, am Rednerpult zu stehen.*
- *Ich habe etwas zu sagen - das Publikum hört mir zu!*
- *Mein Team (mein Chef, meine Mutter) ist stolz auf mich!*

### Vorbereitung

Machen Sie sich einen Fahrplan des Präsentationsablaufs.

Spielen Sie das, was auf Sie zukommt, gedanklich durch.

Bereiten Sie *schriftlich* vor, was Sie am Anfang und am Ende sagen werden.

### Kontakt suchen

Gehen Sie in ruhigem Tempo zum Rednerpult.

Nehmen Sie dabei Augenkontakt mit einzelnen Zuhörern auf.

Nehmen Sie den *Reiz der Situation* wahr!

Wenn möglich: Begrüßen Sie jeden Teilnehmer persönlich. (Hände schütteln ist ein gutes Mittel, Distanzen zu überbrücken!)

### Beginn des Vortrags

Sprechen Sie mit verhältnismäßig leiser Stimme und gemäßigtem Tempo.

Stellen Sie sofort Augenkontakt her.

Nehmen Sie sich die Zeit, sich und Ihre Zuhörer zu orientieren. („Organisatorisches" bekanntgeben, Tagesordnungspunkte nennen, Gliederung des Vortrags darstellen usw.)

### Im Team präsentieren

Wenn möglich, lassen Sie sich durch einen „Co-Piloten" unterstützen, mit dem Sie sachlich abgegrenzte Inhalte abwechselnd referieren. (Der gerade nicht vortragende Partner kann dann jeweils Folien auflegen, Flipchart-Blätter umwenden usw.)

*Vergessen Sie also Ihr Team nicht:*

*Die Geschlossenheit der Team-Meinung gibt Sicherheit – und ist ein zusätzliches Gewicht bei der Durchsetzung von Ideen!*

# Teil 3:

# Die Hilfsmittel

# Warum Medien?

## Das „Augentier Mensch"

Der Mensch ist – entwicklungsgeschichtlich gesehen – ein Fluchttier.

Alle Fluchttiere besitzen einen ausgezeichneten Gesichtssinn: Um zu überleben, müssen Gefahren rechtzeitig erkannt werden, damit man sich dann schleunigst in Sicherheit bringen kann. Nun ist der Mensch im Vergleich zu anderen Fluchttieren, wie zum Beispiel Pferd oder Gazelle, aber recht langsam. Er besitzt auch keine nennenswerten körperlichen Verteidigungswaffen wie z. B. die Raubkatzen, die sich mit ihren Zähnen und Krallen erfolgreich zur Wehr setzen können. Zum Ausgleich entwickelten wir ein Sehorgan, daß – jedenfalls in der Gesamtheit seiner Funktionen gesehen – den meisten Tieren weit überlegen ist!

Über die Augen nehmen wir die meisten Informationen auf:

83 Prozent unserer Informationen nehmen wir über die Augen auf – über die Ohren dagegen nur 11 Prozent!

Bei unseren Gedächtnisleistungen sehen die Verhältnisse ähnlich wie bei der Informationsaufnahme aus, wenn auch der Unterschied nicht ganz so stark ausgeprägt ist:

Wir behalten 30 Prozent von dem, was wir sehen, aber nur 20 Prozent der Informationen, die allein über das Ohr aufgenommen wurden.

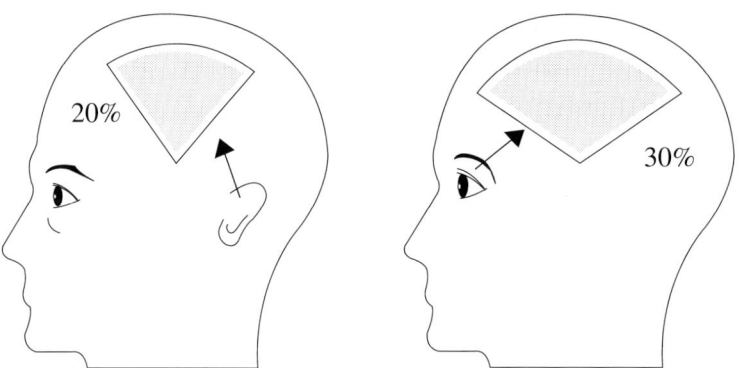

Aus diesem Verhältnis wird ersichtlich, daß die „goldene Redner-Regel"

> *„Bilder sagen mehr als tausend Worte"*

durchaus wissenschaftlich untermauert ist.

Machen Sie sich diese Zahlen bitte einmal ganz deutlich:

> *Nur 11 Prozent der Informationen werden über das Ohr wahrgenommen, und nur 20 Prozent dieser Informationen werden schließlich behalten. Sie haben richtig gerechnet: Das sind 2,2 Prozent!*

Oder anders ausgedrückt:

> *Wenig mehr als zwei Worte von hundert, die bei Ihren Hörern im Gedächtnis bleiben!*

Wenn wir die gleichzeitige Informationsaufnahme über Augen und Ohren betrachten, sieht die Bilanz wesentlich günstiger aus:

Wir behalten nämlich 50 Prozent von dem, was wir hören *und* sehen. Da die Gesamtmenge der Informationen, die über Auge und Ohr wahrgenommen werden, 94 Prozent beträgt, ergibt dies eine Behaltenswirksamkeit von schon be-

140

achtlichen 47 Prozent. Dies spricht eindeutig für den kombinierten Einsatz von Sprache und Medien:

**Hören + Sehen**
**= besser verstehen!**

# Medien können noch mehr ...

Bilder sagen mehr als tausend Worte.

Bilder

- konkretisieren
- bauen Sprachbarrieren ab
- organisieren

und erleichtern damit Verständigung und Zusammenarbeit.

Bilder bringen Farbe und Anschaulichkeit in eine Präsentation. Durch gut gestaltete Medien kann eine hohe Informationsmenge schnell transportiert werden.

Zahlenfriedhöfe ...

lassen sich durch sachgerecht eingesetzte Medien annehmbar und verständlich gestalten.

Betrachten Sie den Einsatz von Medien in Ihrer Präsentation daher als mehr als lediglich eine „ansprechende Verpackung" für Ihre Informationen – oder eine Art Zugabe, die sein kann, aber nicht muß:

Medien sorgen in Ihrer Präsentation für

- **Aufmerksamkeit und Interesse**

  *Wenn Sie wechselnde Wahrnehmungskanäle ansprechen, wecken Sie damit immer wieder die Aufmerksamkeit Ihrer Zuhörer. Besonders bei „trocke-*

*nen" Inhalten sind Medien ein Element der Auflockerung, durch die Sie das Klima der Präsentation günstig beeinflussen können.*

- **Verständlichkeit**

    *An-*schau-*lichkeit erhöht die Verständlichkeit von Informationen. Zusammenhänge und komplexe Sachverhalte können Sie wesentlich schneller als durch das gesprochene Wort verdeutlichen.*

- **Lenkung**

    *Durch überlegten Medieneinsatz können Sie nicht nur die Aufmerksamkeit Ihrer Zuhörer erhöhen, sondern auch steuern. Durch geeignete Bilder können Sie z. B. immer wieder neugierig machen oder Ihren Zuhörern Orientierungshilfen durch ein komplexes Thema geben.*

    *(Zum Beispiel können Sie auf einem Ablaufdiagramm einen Überblick über die Zusammenhänge der einzelnen Themen einer größeren Präsentation geben und während der Präsentation immer wieder auf dieses Diagramm zurückkommen, um den Zusammenhang der gerade behandelten Inhalte mit den vorangegangenen und zukünftigen Punkten zu verdeutlichen. Ein einziges, gutgestaltetes Chart kann so zu einem roten Faden für eine ganze Präsentation werden.)*

**Vorteile der Visualisierung**

**Der Vortragende**
 Aufmerksame Zuhörer
 Aufwertung des Image
 Überzeugende Präsentation

**Die Gruppe**
 Besseres Verstehen
 Höhere Gedächtnishaftung
 Schnellere Entscheidungsfindung

**Das Unternehmen**
 Kürzere Konferenzen
 Kostenersparnis

- **Zeitersparnis**

  *Bei einer Präsentation ist Zeit meistens Mangelware. Grafische Darstellungen ersparen Ihnen umfangreiche Erklärungen und Beschreibungen.*

Mit einem Wort (frei nach Rupert Lay):

*Sie müssen schon sehr gute Gründe haben, wenn Sie in einer Präsentation Medien **nicht** einsetzen!*

# Regeln für die Bildersprache

Bevor wir uns im nächsten Kapitel mit der Herstellung und Handhabung einzelner Medien beschäftigen, möchten wir einige Regeln der Visualisierung behandeln, die für alle Medien gelten.

Genau wie für das gesprochene Wort müssen Sie auch für die Bildersprache einige Regeln ihrer „Grammatik" beherrschen, wenn Sie sich optimal verständlich machen wollen. Andernfalls wird aus gutgemeinten Anstrengungen schnell ein visuelles Kauderwelsch!

Ähnlich wie in der Sprache tauchen auch in der grafischen Gestaltung bestimmte Elemente immer wieder auf. Die Kombination dieser Elemente bestimmt die unverwechselbare Art, wie Sie sich bildsprachlich ausdrücken:

- **Schrift**
- **Visualisierung von Zahlen**
- **Darstellung von Strukturen**
- **Kombination von Text und Bild**
- **Farben**

## Gestaltungsregeln für die Schrift

Die wichtigste Forderung für die Schrift heißt ganz einfach ...

*Lesbarkeit!*

Und da Bilder mehr sagen als tausend Worte, wollen wir uns auch bei der Darstellung der Gestaltungsregeln für die Schrift daran halten und die wichtigsten Regeln in der folgenden Abbildung (s. S. 146) visualisieren:

| Regel | Begründung | Mögliche Fehler |
|---|---|---|
| Druckschrift | damit es gelesen wird... | *Die Handschrift ist zwar Ausdruck der Persönlichkeit, doch darum geht es nicht.* |
| Groß- <u>und</u> Kleinbuchstaben | kann man schneller lesen | **GROSSBUCHSTABEN SIND SCHWER ZU LESEN** |
| Die "richtige" Strichstärke | erleichtert das Lesen | Das ist viel zu dünn im Verhältnis zur Schriftgröße |
| Maximal drei Schrift- größen | zur besseren Gliederung | Zu viele Schriftgrößen sind verwirrend und erschweren die Orientierung. Das ist in jedem Fall zu klein. |

Natürlich ist die Lesbarkeit auch abhängig von der Schriftgröße. Zahlen und Schrift müssen auch für die Präsentationsteilnehmer leicht lesbar sein, die am weitesten entfernt sitzen.

Da die Schriftgröße von dem verwendeten Medium abhängig ist, geben wir jeweils dann Hinweise dazu, wenn wir die Anwendung dieser Medien (insbesondere Flipchart und Folien) besprechen.

Auf eine wichtige Regel für die Schriftgröße wollen wir aber schon jetzt hinweisen, weil sie für alle Medien gilt: das Größenverhältnis von Ober- und Unterlängen in der Schrift:

Auch wenn sie sich bemühen, Druckschrift zu schreiben, orientieren sich die meisten Schreiber ungewollt an der Schreibschrift. Ober- und Unterlängen werden aber dadurch viel zu groß, und sie brauchen auch viel zuviel Platz.

Mit etwas Übung können Sie sich angewöhnen, die folgende platzsparende Druckschrift zu schreiben:

$1/4$ Oberlänge

$1/2$ Mittellänge

$1/4$ Unterlänge

# Zahlen visualisieren

Wissenschaft, Wirtschaft und Politik leben von Zahlen und Zahlenvergleichen. Zahlen dienen als Argument und als Beweis (und manchmal auch, um seinen Status als Fachmann zu etablieren!).

*Zahlen sind objektiv!*

Diese Überzeugung ist jedenfalls in unserer technisch orientierten Welt in den Köpfen der meisten fest verankert – und diese Überzeugung kann uns dann leicht dazu verführen, daß wir in einer Präsentation auf die Magie der Zahlen vertrauen und unsere Zuhörer damit überschütten.

Die Magie von Zahlen liegt aber eher darin, daß sie Tatbestände vernebeln und Zuhörer verwirren können. Wenn Sie Zahlen zu diesem Zweck verwenden wollen – bitte sehr. Dann überlesen beziehungsweise besser übersehen Sie eben die folgenden Seiten!

Aber im Ernst: Es gibt eine Vielzahl von Untersuchungen, die alle belegen, daß unsere Vorstellungen, die mit Zahlen verknüpft sind, alles andere als konkret sind. So kann eine Verwaltung endlos über einige Tausend Mark für einen überdachten Fahrradständer streiten (ein paar Tausend Mark entsprechen dem eigenem Verdienst, darunter kann man sich etwas vorstellen!) – Millionenbeträge werden dagegen schnell mit einem zustimmenden Handzeichen abgehakt.

Wenn Sie daher keine Vernebelungstaktik betreiben und Ihre Zuhörer nicht in einer Zahlenflut ertrinken lassen wollen, sollten Sie größere Zahlenkomplexe grafisch darstellen.

**Die grafische Darstellungsform macht Zahlen anfaßbar!**

Die grafische Darstellung hilft, daß sich die Zuhörer Ihre Zahlen-Aussagen schneller und intensiver einprägen. In der folgenden Abbildung finden Sie die gebräuchlichsten Darstellungen auf einem Blick. Auf die wichtigsten gehen wir dann auf den nächsten Seiten ein.

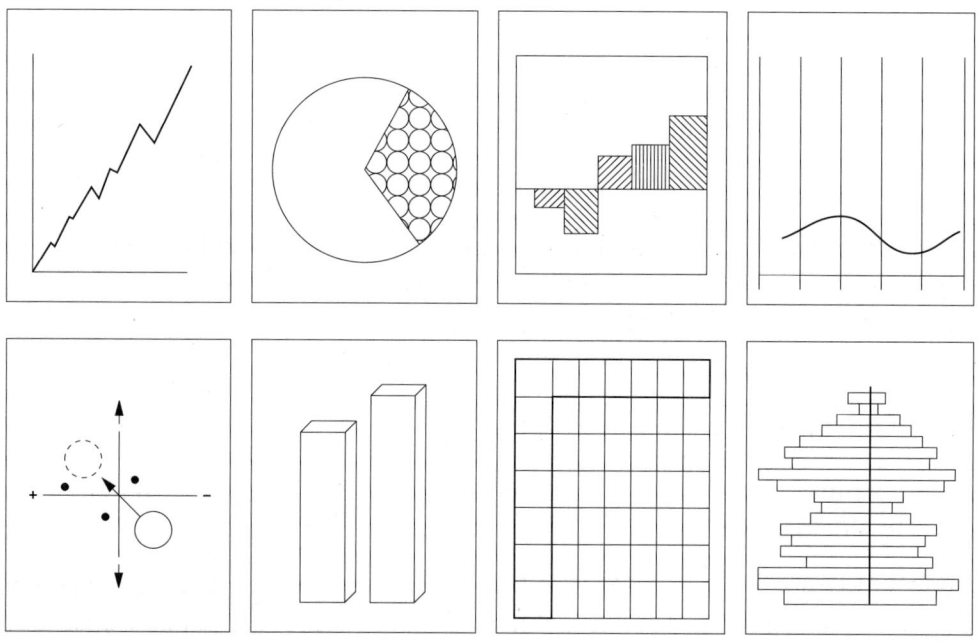

## Die Tabelle

ist die einfachste Form, Zahlen „grafisch" darzustellen.

Sollen bestimmte Aussagen besonders schnell erkannt werden, dann müssen sie besonders, zum Beispiel mit Farben, gekennzeichnet sein.

*Mehr Elemente als in unserem Beispiel darf eine Tabelle eigentlich nicht mehr enthalten, da sie sonst schnell unübersichtlich wird.*

Invest.-Mittel in Mio DM

| Zeitraum | Produkt | | | |
|---|---|---|---|---|
| | A | B | C | D |
| 1970-74 | 6,0 | 3,5 | – | 8,0 |
| 1975-79 | 5,5 | 6,2 | 2,0 | 4,1 |
| 1980 | 0,6 | 1,3 | 7,2 | 5,3 |
| 1981-85 | 2,1 | 0,7 | 10,1 | 4,8 |

## Das Kurvendiagramm

eignet sich besonders zur Darstellung von Entwicklungsreihen.

Im Prinzip ist es eine in Kurven umgesetzte Tabelle.

*Die Koordinaten müssen so gewählt werden, daß sich die Kurven schnell voneinander unterscheiden lassen.*

*In ein Diagramm sollten nicht mehr als vier Kurven aufgenommen werden.*

Umsatzentwicklung 1960-1990

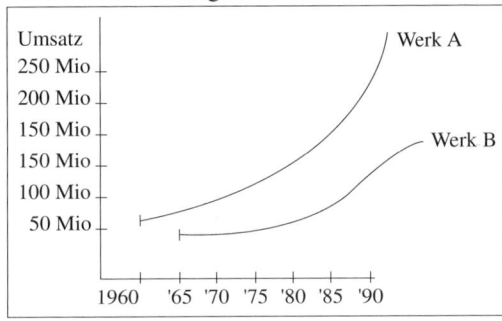

## Das Säulendiagramm

Es firmiert auch unter dem Namen Stabdiagramm oder Histogramm.

Es eignet sich besonders gut, um Mengenverhältnisse darzustellen.

*Auch hier gilt: Nicht zu viel Information!*

*Mehr als fünf Säulen sind unübersichtlich. Drei bis vier Säulen stellen das Optimum dar.*

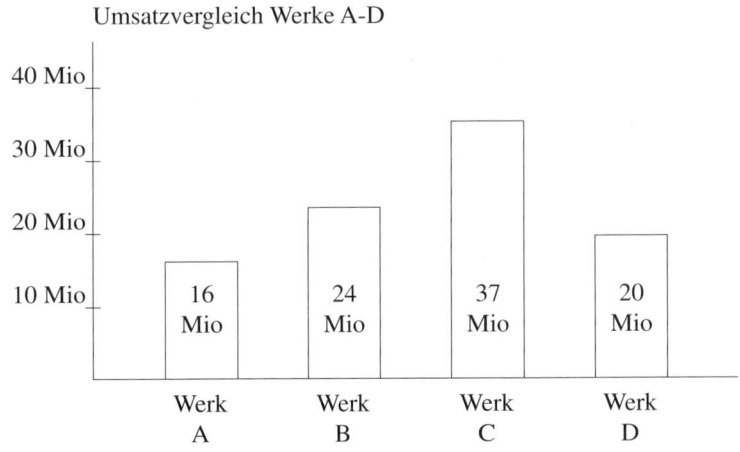

## Das Balkendiagramm

ist eigentlich nichts anderes als ein um neunzig Grad gedrehtes Säulendiagramm.

Es lassen sich damit Entwicklungen im Zeitverlauf darstellen. Gleichzeitig kann eine Aufteilung einer Gesamtmenge in Teilmengen vorgenommen werden.

*Das Optimum liegt ebenfalls bei vier Säulen.*

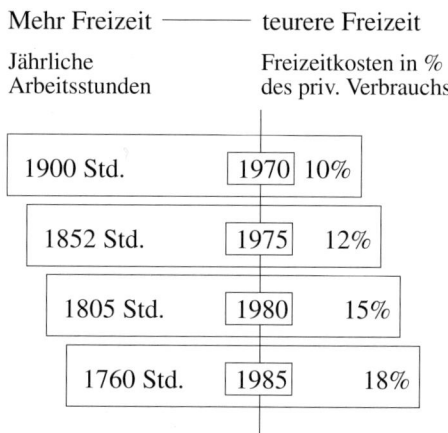

## Das Kreisdiagramm

Mit ihm lassen sich Anteile an einer bestimmten Menge gut sichtbar machen.

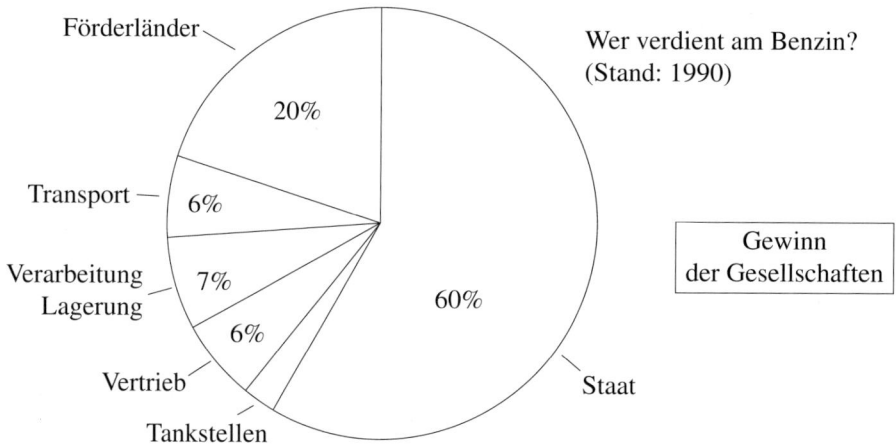

*Es empfiehlt sich, den Kreis in nicht mehr als fünf Segmente aufzuteilen. Unser Beispiel ist daher fast schon zu komplex.*

*Die Umsetzung von Prozentanteilen in die Gradeinteilung des Kreises errechnet man nach der Formel:*

*Prozentsatz x 3,6 = Kreisgrad*
*(zum Beispiel 20 Prozent x 3,6 = 72 Grad).*


*Auswahl der geigneten Schaubild-Form*

Werden Zahlen in Form eines der eben dargestellten Schaubilder umgesetzt, dann enthält diese grafische Darstellung immer eine bestimmte Aussage darüber, wie die Zahlen zueinander in Beziehung gesetzt werden – also einen Vergleich.

Um zu entscheiden, welche Art der grafischen Darstellung zum Visualisieren von Zahlenmaterial geeignet ist, muß man daher in drei Schritten vorgehen (Darstellung der Schritte und Beispiele nach Gene Zelazny, McKinsey & Company):

**1. Aussage definieren:**

Es muß entschieden werden, welche der möglichen Interpretationen des Zahlenmaterials dargestellt werden soll.

**2. Vergleich bestimmen:**

Der „Vergleichstyp", der der Interpretation des Zahlenmaterials entspricht, muß bestimmt werden.

**3. Form auswählen:**

Es muß eine Form des Schaubilds ausgewählt werden, die den Vergleichstyp am besten veranschaulichen kann.

## 1. Aussage definieren

Zahlenreihen, die untereinander in Beziehung gesetzt sind, kann man immer unterschiedlich interpretieren. Nehmen wir als Beispiel die folgende einfache Tabelle:

Umsatz nach Produkten
in Mio. DM

| | Produkt | | | |
|---|---|---|---|---|
| | A | B | C | Total |
| Januar | 88 | 26 | 7 | 121 |
| Februar | 94 | 30 | 8 | 132 |
| März | 103 | 36 | 8 | 147 |
| April | 113 | 39 | 7 | 159 |
| Mai | 122 | 40 | 13 | 175 |

Wenn man die Tabelle horizontal, also zeilenweise liest, werden jeweils die Umsätze der drei Produkte zu einem bestimmten *Zeitpunkt* verglichen. Eine Aussage könnte zum Beispiel lauten: „Im Mai war der Umsatz für Produkt A wesentlich höher als der Umsatz der Produkte B und C":

Umsatz nach Produkten
in Mio. DM

| | Produkt | | | |
|---|---|---|---|---|
| | A | B | C | Total |
| Januar | 88 | 26 | 7 | 121 |
| Februar | 94 | 30 | 8 | 132 |
| März | 103 | 36 | 8 | 147 |
| April | 113 | 39 | 7 | 159 |
| Mai | 122 | 40 | 13 | 175 |

Wird die Tabelle dagegen vertikal, also spaltenweise gelesen, zeigen die Zahlen den Vergleich der Umsätze in einer bestimmten zeitlichen *Entwicklung*. Die

152

letzte Spalte der Tabelle enthält dann zum Beispiel die Aussage, daß der Umsatz der Produkte im dargestellten Zeitraum kontinuierlich gestiegen ist:

Umsatz nach Produkten
in Mio. DM

| | Produkt | | | |
|---------|-----|-----|-----|-------|
| | A | B | C | Total |
| Januar | 88 | 26 | 7 | 121 |
| Februar | 94 | 30 | 8 | 132 |
| März | 103 | 36 | 8 | 147 |
| April | 113 | 39 | 7 | 159 |
| Mai | 122 | 40 | 13 | 175 |

## 2. Vergleich bestimmen

Die mit einem Zahlenmaterial dargestellten Zusammenhänge lassen sich immer nach einem der folgenden fünf Vergleichstypen einordnen:

- *Struktur-Vergleich*
  zeigt die relative Wichtigkeit einzelner Teile eines Ganzen
  *(Anteil, Prozentsatz, x-Prozent entfallen auf ...)*

- *Rangfolge-Vergleich*
  zeigt die relative Größe von Objekten
  *(größer als, kleiner als, an x-ter Stelle, gleich ...)*

- *Zeitreihen-Vergleich*
  zeigt Veränderungen über einen Zeitraum
  *(zunehmen, abnehmen, schwanken ...)*

- *Häufigkeits-Vergleich*
  zeigt, wie häufig ein bestimmtes Objekt in verschiedenen, aufeinanderfolgenden Größenklassen auftritt
  *(die meisten, Verteilung nach ...)*

- *Korrelations-Vergleich*
  zeigt, ob eine Beziehung zwischen zwei Variablen besteht
  *(steigt bzw. fällt relativ zu/mit ..., verändert sich parallel zu ...)*

Wenn man die Aussage, die man mit einem Zahlenmaterial machen will, klar definiert hat, kann man leicht feststellen, welchem Vergleichstyp die gewählte Aussage entspricht. So enthält z. B. die erste aus unserer Tabelle herausgelesene Aussage einen Rangfolge-Vergleich, die zweite dagegen einen Zeitreihen-Vergleich.

## 3. Form auswählen

Nicht jede Schaubild-Form ist geeignet, einen bestimmten Vergleichstyp darzustellen. Die folgende Matrix zeigt, welche Formen für welche Arten des Vergleichs geeignet sind:

| Art des Vergleichs: / Grafische Form: | Struktur-Vergleich | Rangfolge Vergleich | Zeitreihen-Vergleich | Häufigkeits-Vergleich | Korrelations-Vergleich |
|---|---|---|---|---|---|
| Kreis-Diagramm | X | | | | |
| Balken-Diagramm | X | X | | | X |
| Säulen-Diagramm | X | | X | X | |
| Kurven-Diagramm | | | X | X | X |
| Punkt-Diagramm | | | | | X |

An fünf einfachen Beispielen soll nun für jeden der Vergleichstypen gezeigt werden, wie die Schritte von der Definition der Aussage bis zur Auswahl der Form des Schaubilds ablaufen können:

*Beispiel 1:*

*Anteil am Umsatz*

|  | Mio DM | % |
|---|---|---|
| Produkt A | 122 | 70 |
| Produkt B | 40 | 23 |
| Produkt C | 13 | 7 |
| Gesamt | 175 | 100 |

Beabsichtigte Aussage:

*Produkt A hat den höchsten Anteil am Gesamtumsatz des Unternehmens.*

Diese Aussage ist ein *Struktur-Vergleich.* Zur Darstellung wählen wir ein *Kreis-Diagramm:*

100 % = 175 Mio DM

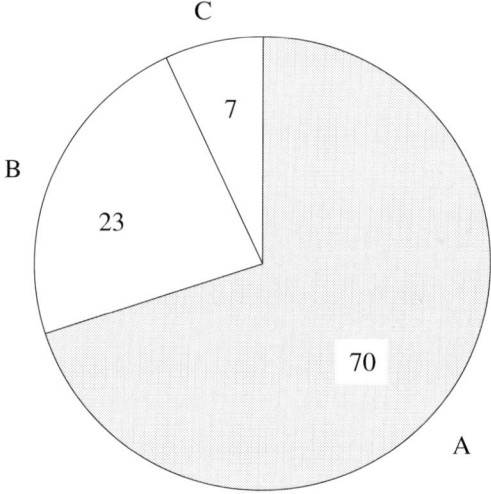

*Beispiel 2:*

*Umsatz nach Produkten*

|  | Mio DM |
|---|---|
| Produkt A | 122 |
| Produkt B | 40 |
| Produkt C | 13 |

Beabsichtigte Aussage:

*Der Umsatz von Produkt A liegt weit über dem der Produkte B und C.*

Für diesen *Rangfolge-Vergleich* wählen wir zur Darstellung ein *Balken-Diagramm:*

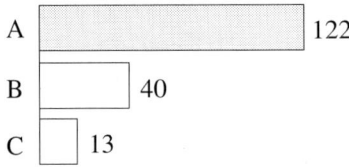

*Beispiel 3:*

*Änderung im Umsatz*

|  | Mio DM |
|---|---|
| Januar | 121 |
| Februar | 132 |
| März | 147 |
| April | 159 |
| Mai | 175 |

Beabsichtigte Aussage:

*Seit Januar ist der Umsatz kontinuierlich gestiegen.*

Dies ist ein *Zeitreihen-Vergleich*. Für die Darstellung wählen wir ein *Säulen-Diagramm:*

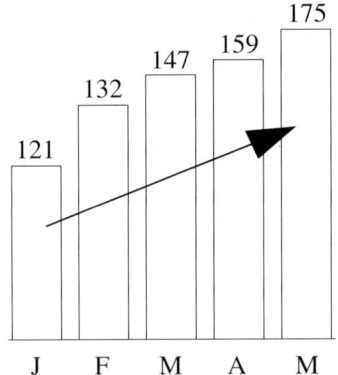

Für die Darstellung der zeitlichen Entwicklung der Produkte hätten wir auch ein Kurven-Diagramm auswählen können. Dies wäre z. B. dann sinnvoll gewesen, wenn wir in einem Schaubild die Entwicklung *mehrerer* Produkte über den gleichen Zeitraum hätten darstellen müssen.


*Beispiel 4:*

*Anzahl von Aufträgen nach Auftragshöhe*

| Höhe (DM) | | Anzahl |
|---|---|---|
| | < 1.000 | 15 |
| 1.000 | – 1.999 | 30 |
| 2.000 | – 2.999 | 12 |
| 3.000 | – 3.999 | 8 |
| 4.000 | – 4.999 | 5 |

Beabsichtigte Aussage:

*Die meisten Aufträge liegen zwischen DM 1.000,– und DM 2.000,–.*

Es handelt sich hier um einen *Häufigkeits-Vergleich*, also die Aussage über die Verteilung eines Objekts in bestimmten Größenklassen.

Zur Darstellung haben wir ebenfalls das *Säulen-Diagramm* gewählt, allerdings in etwas abgewandelter Form. Hier sieht es fast aus wie ein Kurven-Diagramm (die am meisten gewählte Form für Häufigkeits-Verteilungen):

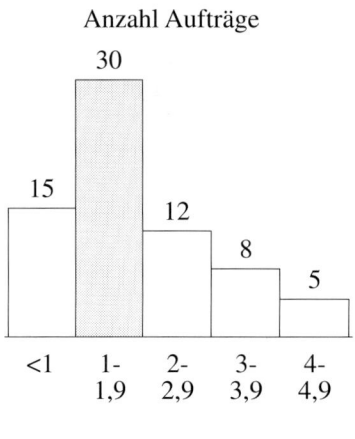

Anzahl Aufträge

Auftragshöhe (TDM)

*Beispiel 5:*

*Umsatzhöhe nach Zugehörigkeitsdauer*

| Ver-käufer | Jahre Erfah-rung | Umsatz in TDM |
|---|---|---|
| A | 2 | 23.000 |
| B | 5 | 6.000 |
| C | 7 | 17.000 |
| D | 15 | 9.000 |
| E | 22 | 12.000 |

Beabsichtigte Aussage:

*Es gibt in unserer Firma keinen Zusammenhang zwischen der Erfahrung unserer Verkäufer (gemessen an ihrer Zugehörigkeitsdauer zum Unternehmen) und ihrem Verkaufserfolg.*

Dies ist eine Aussage über den Zusammenhang (bzw. Nicht-Zusammenhang) zweier Variablen, also ein *Korrelations-Vergleich*. Die übliche Form, Korrelationen darzustellen, ist ein *Punkt-Diagramm*. Die „zufällige" Verteilung der Punkte (durch die Punkte läßt sich keine harmonische Kurve legen), zeigt dem mathematisch versierten Betrachter, daß zwischen den zwei Variablen keine feststellbare Beziehung besteht:

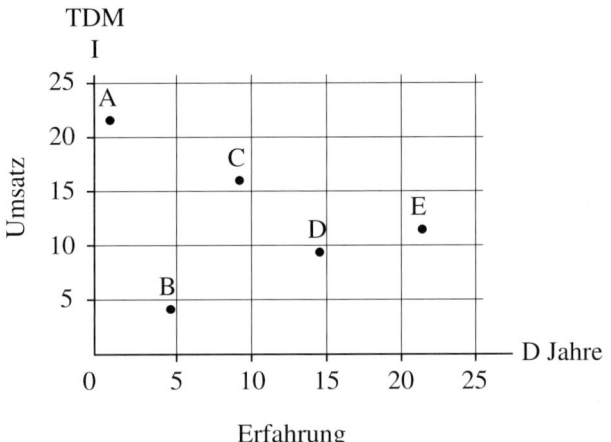

Für einen Nicht-Mathematiker wird der Zusammenhang jedoch sicher verständlicher, wenn man die folgende Form des *geteilten Balken-Diagramms* wählt. Auch durch diese Darstellung wird deutlich, daß die rechte Zahlenreihe (Umsatz) in keinem Zusammenhang mit der Veränderung der linken Zahlenreihe (Erfahrung) steht:

| Jahre Erfahrung | Ver- käufer | Umsatz in TDM |
|---|---|---|
| 2 | A | 23 |
| 5 | B | 6 |
| 7 | C | 17 |
| 15 | D | 9 |
| 22 | E | 12 |

159

*Bildstatistiken*

Man kann Mengen und Anteile nicht nur durch die Form von Kurven, Säulen oder Kreisen darstellen, sondern auch durch eine Anzahl von Symbolen. Diese Form der Mengenangabe wird zum Beispiel bei Bevölkerungsstatistiken oft verwendet:

Männer

Frauen

Bildstatistiken können auch Laien schwierige Materie anschaulich und verständlich machen:

Getreideverschwendung
durch Fleischproduktion

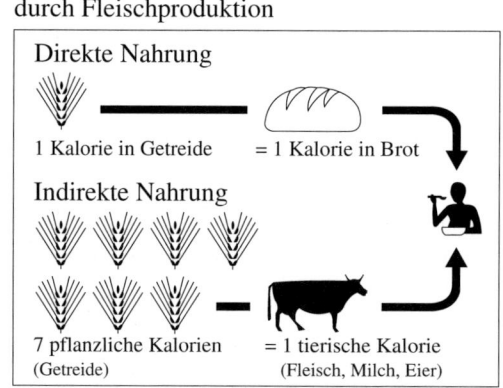

*(Nach einer Abbildung aus Strahm: Überentwicklung-Unterentwicklung. Laetare-Verlag)*

Auch eine Mischung von Bilddiagramm und konventioneller Darstellung ist möglich:

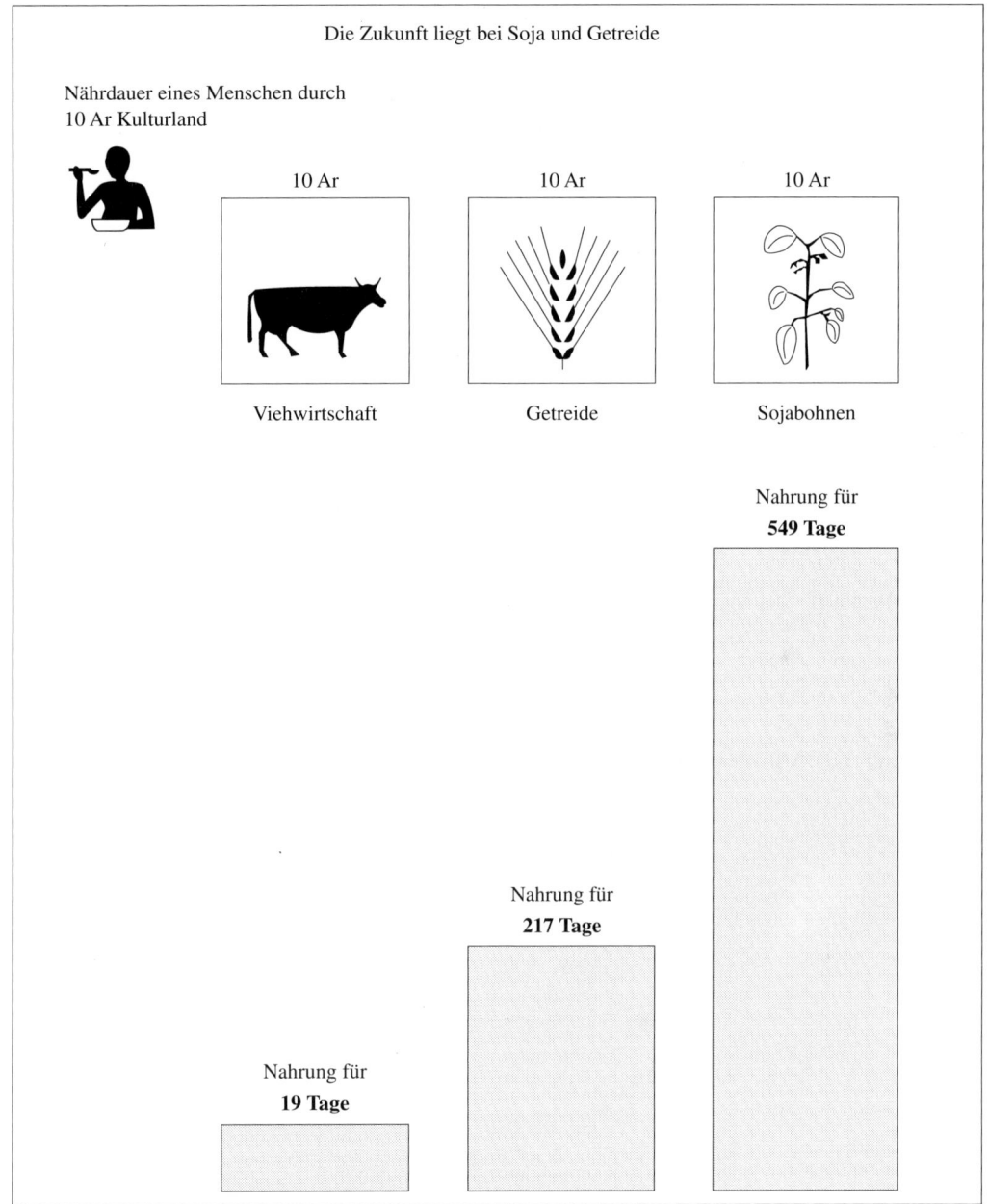

Die Zukunft liegt bei Soja und Getreide

Nährdauer eines Menschen durch 10 Ar Kulturland

10 Ar — Viehwirtschaft — Nahrung für **19 Tage**

10 Ar — Getreide — Nahrung für **217 Tage**

10 Ar — Sojabohnen — Nahrung für **549 Tage**

*(Nach einer Abbildung aus Strahm: Überentwicklung-Unterentwicklung. Laetare-Verlag)*

# Strukturen darstellen

Bei den eben beschriebenen Darstellungsformen ging es immer darum, zwei Zahlenreihen (z. B. Umsatz und Jahr) in Beziehung zu setzen. Wenn Sie dagegen Zusammenhänge anderer Art – zum Beispiel in Organisationen oder bei Arbeitsabläufen – erklären wollen, müssen sie andere Formen der Darstellung verwenden.

Hier ein bekanntes Beispiel aus der Organisation ...

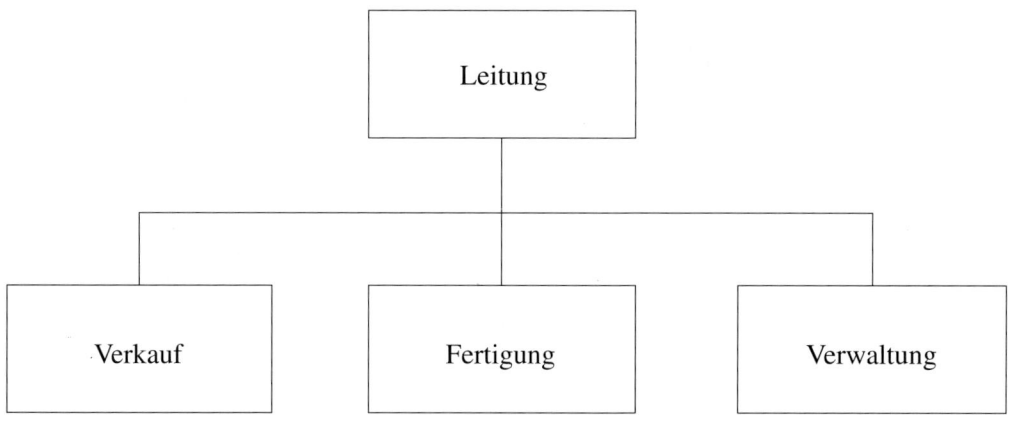

... und der Kommunikation.

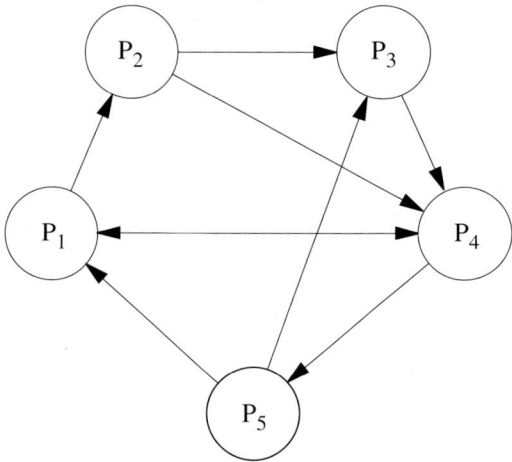

Mit dem **Netzplan** lassen sich nicht nur Zusammenhänge und Abhängigkeiten von Arbeitsabläufen, sondern auch zeitliche Abhängigkeiten darstellen.

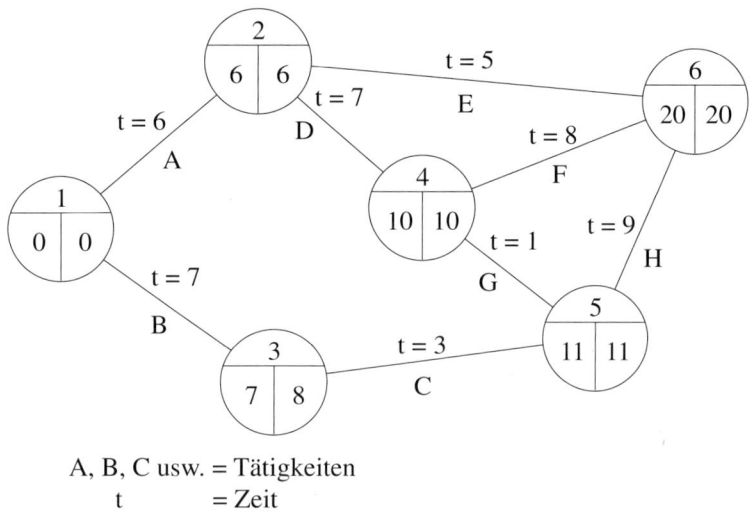

A, B, C usw. = Tätigkeiten
t        = Zeit

Eine weitere Darstellungsform ist der **Regelkreis**.

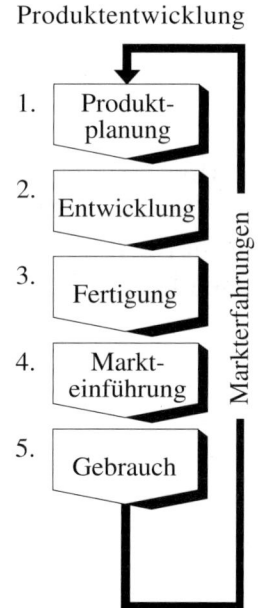

Eine **Matrix** läßt sich gut verwenden, um Einflußgrößen bei **Entscheidungen** deutlich zu machen.

|  | alte Märkte | neue Märkte |
|---|---|---|
| alte Produkte | geringes Risiko | ? |
| neue Produkte | ? | hohes Risiko |

Die Anzahl der Beispiele ließe sich beliebig fortsetzen.

Natürlich können Sie auch die verschiedenen Darstellungsarten mischen. Denken Sie dann aber daran, daß Ihre Darstellung nach Möglichkeit nie mehr als sieben Elemente enthält:

**Weniger ist bei einer grafischen Darstellung häufig mehr!**


*Das Flußdiagramm*

Die stärkste Formalisierung haben Abläufe in der Datenverarbeitung erfahren. Hier wurde daher auch das bekannte Flußdiagramm („Flow-Chart") entwickelt. Es macht nicht nur Ablaufprozesse transparent, sondern ist auch gut geeignet, um die *Konsequenzen* von getroffenen Entscheidungen zu verdeutlichen (siehe Abb. S. 165).

Telefonieren

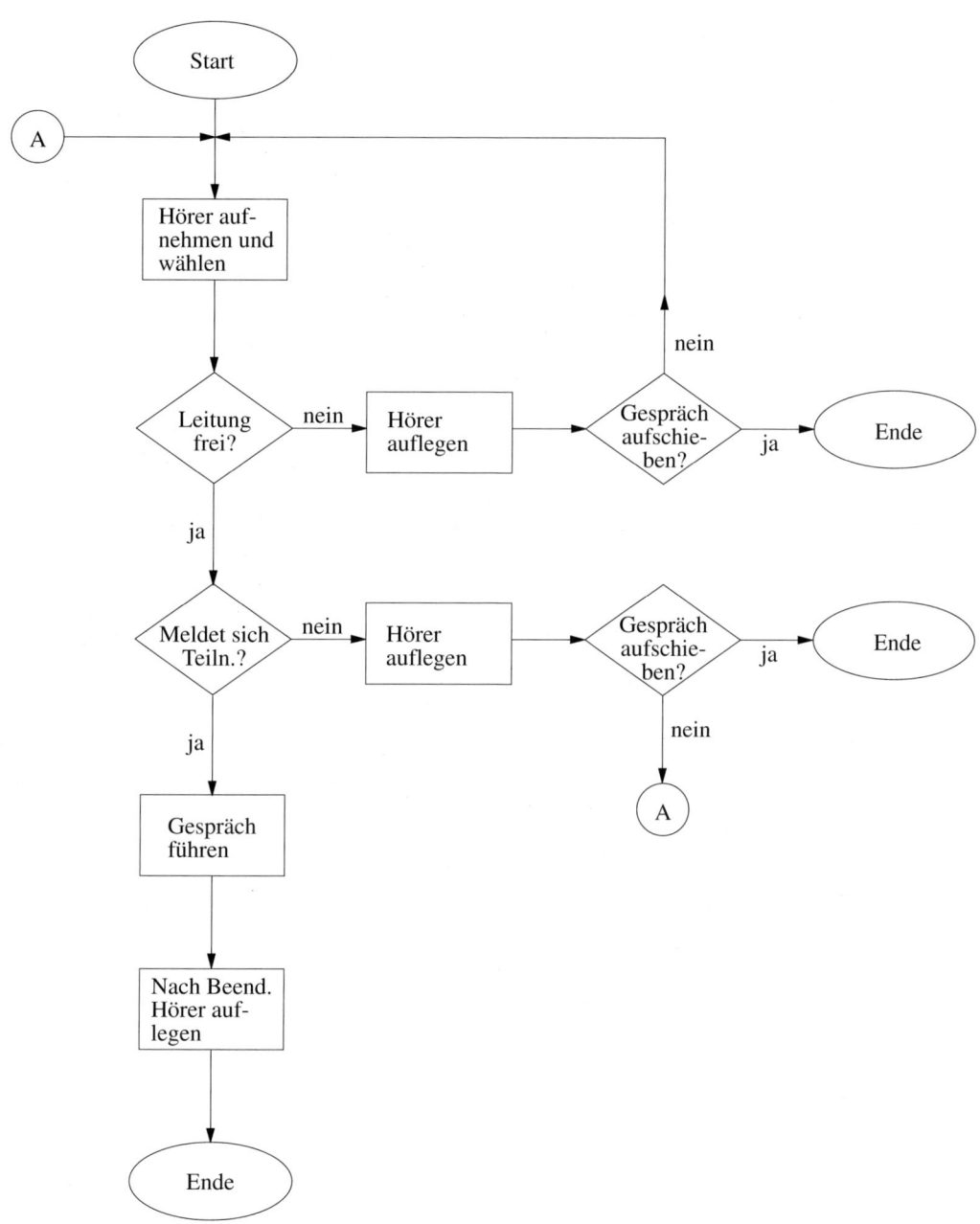

Die Zeichen, die man im Flußdiagramm verwenden kann, sind in Deutschland normiert (DIN 66 001):

### Startzeichen

Es markiert den Beginn eines Prozesses. Oft wird über diesem Zeichen zur Erläuterung die Startsituation in Worten beschrieben.

### Tätigkeitsfeld/Prozeßfeld

für jede einzelne Tätigkeit/Ereignis, das innerhalb eines Ablaufes auftreten kann. Das Feld hat immer nur einen Eingang, kann jedoch – je nach Tätigkeit – einen oder mehrere Ausgänge haben.

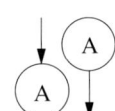

### Anschlußpunkte

Sie markieren Unterbrechungen, zum Beispiel am Ende einer Seite.

In den Kreis werden Buchstaben oder andere Zeichen gesetzt.

### Entscheidungsfeld

Es hat stets einen Eingang und zwei Ausgänge (nie drei!). Die Fragen sind so zu stellen, das ein klares „Ja" oder „Nein" möglich ist.

Die Ausgänge können an beliebigen Ecken angebracht werden.

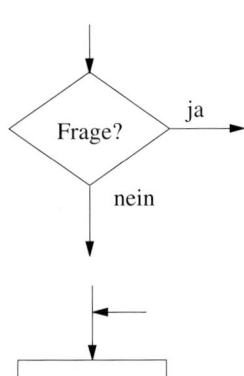

### Linien mit Richtungspfeilen

verbinden die Symbole untereinander.

Sollen mehrere Linien in ein einzelnes Feld münden, so werden sie vor diesem Feld zusammengeführt.

### Schlußzeichen

Es kennzeichnet das Ende des Prozesses.

Bei verzweigten Prozessen können mehrere Schlußzeichen vorkommen.

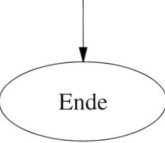

# Text und Bilder kombinieren

Nicht immer lassen sich die Informationen, die Sie vermitteln wollen, durch Schaubilder und Diagramme veranschaulichen. Aber auch reine Textinformationen können Sie lebendiger und damit für Ihre Zuhörer gefälliger gestalten –

*durch eine sinnvolle Kombination von Text und Bild.*

Nun ist zwar die Gestaltung der Bildsprache eine Wissenschaft für sich. Jeden Tag werden wir aber durch die Werbung dafür sensibilisiert, welche Gestaltungsmöglichkeiten wir haben, in Bildern zu reden.

Die folgende Systematik erhebt keinen Anspruch auf Vollständigkeit – sie soll Ihnen nur einige Hinweise geben, in welche Richtung Sie Ihre Überlegungen lenken können:

Ein Bild kann

- einen Text ergänzen
- die Textaussage wiederholen oder verstärken
- einen Kontrast oder Widerspruch zum Text enthalten.

Die Möglichkeit, ein bekanntes Bildelement zu verfremden und dadurch eine Textaussage zu verstärken und fest im Kopf der Zuschauer zu verankern, ist allerdings schon die „hohe Schule" der grafischen Gestaltung:

*(Nach einer „Interrenta"-Werbung, DER SPIEGEL Nr. 26, 1982)*

Natürlich sind wir nicht alle zeichnerisch begabt oder haben eine Grafikabteilung im Haus, der wir gestalterische Arbeiten übertragen können. Aber jeder von uns kann die folgenden

*Hilfsmittel zum Auflockern eines Textes*

benutzen und damit bei seinem Vortrag immer wieder „Aufmerksamkeits-Signale" setzen:

Die einfachste Möglichkeit ist natürlich, wichtige Textpassagen zu unterstreichen.

*Vergessen Sie aber nicht, diese Möglichkeit – wie auch die folgenden beschriebenen Hilfsmittel – nur sparsam einzusetzen, weil die Wirkung auf Ihre Zuhörer sonst zu schnell nachläßt!*

Nur wirklich <u>Wichtiges</u>
unterstreichen

Durch verschiedene Rahmen können Sie betonen, hervorheben oder Zusammenfassungen kennzeichnen.

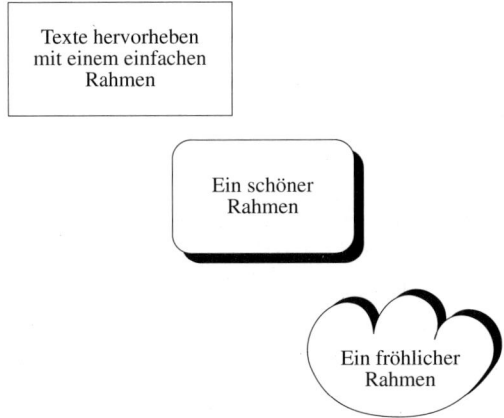

Texte hervorheben
mit einem einfachen
Rahmen

Ein schöner
Rahmen

Ein fröhlicher
Rahmen

Das gleiche können Sie aber manchmal schon durch einen einfachen fetten Punkt erreichen.

Ein fetter Punkt
● macht aufmerksam
● und gliedert den Text

Auch Zusammenhänge und Strukturen lassen sich mit einfachen Mitteln deutlich machen.

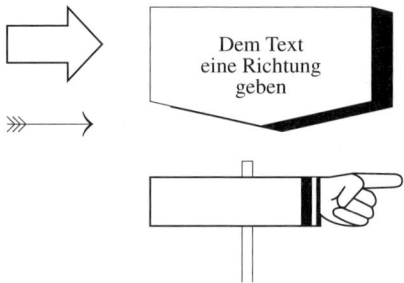

Mit Blitzen können Sie kritische Punkte oder Konflikte verdeutlichen.

Oft tut es aber auch ein einziges, vergrößertes Ausrufe- oder Fragezeichen.

!

Bitte
nicht vergessen

Die Lösungsmöglichkeiten:

**?** A _____
_____
_____

**?** B _____
_____
_____

Beim Verwenden solcher und weiterer Hilsmittel sind Ihrer Phantasie eigentlich keine Grenzen gesetzt.

Fast keine Grenzen.

Denn natürlich wird das letzte Entscheidungskriterium bei Ihren Überlegungen, ob und welche Hilfsmittel Sie einsetzen, immer Ihr Publikum sein müssen. Ob Sie mit der folgenden Darstellung zum Beispiel ein Vorstandsgremium für Ihre Idee begeistern können, das müssen Sie selbst entscheiden.

Wir sagen dazu nur

## Farben verwenden

Farben beeinflussen unser Leben viel stärker, als wir uns das in der Regel bewußt machen. Ihre Botschaft ist unterschwellig und zielt direkt auf unsere Gefühle.

> Untersuchungen zur farblichen Gestaltung von Büroräumen haben interessante Ergebnisse erbracht. So empfanden Personen in „kühl" getönten Räumen („kühle" Farben sind Farben mit einem hohen Blauanteil) die Raumtemperatur niedriger als Personen, die in „warm" getönten Räumen („warme" Farben sind Farben mit einem hohen Rotanteil) gearbeitet haben, obwohl in beiden Fällen exakt dieselbe Raumtemperatur geherrscht hatte.

Langzeituntersuchungen haben auch ergeben, daß die Anfälligkeit gegenüber Erkältungskrankheiten in kühl getönten Räumen höher als in warm getönten Räumen ist.

Durch geschickte Auswahl und Einsatz von Farben können Sie also Ihren Botschaften den gewünschten gefühlsmäßigen Anstrich (!) geben. Auf jeden Fall sollten Sie sich überlegen, ob Sie nicht öfter das übliche „Schwarz auf Weiß" durch eine andere Farbe ersetzen:

**Helle Farben** und Pastelltöne sollten Sie in Ihrer Präsentation öfter als Hintergrundfarbe verwenden. Sie erhöhen nicht nur die Aufmerksamkeit, sondern auch – bei richtiger Farbwahl – die Lesbarkeit von Texten.

**Dunkle, kräftige Farben** eignen sich für die Darstellung von Schrift und Zeichnungen. Aber Vorsicht: eine großflächige Verwendung solcher Farben kann leicht zu wuchtig wirken. Und Sie wollen Ihre Teilnehmer ja nur anstoßen, nicht aber erschlagen!

Hier einige Erkenntnisse aus der Farbpsychologie, die Sie bei der Gestaltung Ihrer Charts und Folien beachten sollten:

**Gelb** ist die hellste Farbe des Farbkreises. Gelb wird als Farbe der Freude und Befreiung bezeichnet. Sie stimmt froh und bringt auch an trüben Tagen Sonne in die Räume. Untersuchungen haben ergeben, daß die Lesbarkeit von schwarzer Schrift auf gelbem Hintergrund besser ist als die übliche Schwarz-Weiß-Darstellung.

**Orange**, eine Farbmischung aus Gelb und Rot, beschwingt und spornt an. Sie wird auch manchmal als aggressiv empfunden. Vorsicht daher bei großflächiger Anwendung! Wenn Sie Orange verwenden wollen, vergewissern Sie sich auch, daß Sie eine gute Raumausleuchtung (weiße, nicht gelbe Lichtquellen!) haben. Bei schlechter Beleuchtung wirkt Orange leicht schmutzig und kann damit das Gegenteil der beabsichtigten Wirkung hervorrufen.

**Rot** ist eine temperamentvolle Farbe. Sie dominiert, regt an und suggeriert Dynamik. Aber Vorsicht: In unserem Kulturkreis wird Rot auch als Warnfarbe verstanden – so werden im Straßenverkehr zum Beispiel mit Rot alle Verbote gekennzeichnet! Rot sollte in jedem Fall nur als Akzentfarbe verwendet werden, also um besonders wichtige Punkte hervorzuheben, aber nicht als Flächenfarbe.

**Grün** wirkt beruhigend und fördert die Konzentration. (Denken Sie an die Schreibtischplatten, die auch heute oft noch grün bezogen sind!) Dunkle Grüntöne sind auf Folien und Charts gut sichtbar. Bei schlechter Raumausleuchtung kann Grün allerdings schnell nach Schwarz kippen und dann – bei großzügiger Verwendung – sogar einen bedrohlichen Eindruck hervorrufen. Also auch hier Vorsicht!

**Blaugrün** wird mit Festigkeit und Härte verknüpft – aber auch mit „Eis" und „Gletscher" assoziiert! Besonders Blaugrün in der Spielart von Türkis wirkt schnell kalt. Durch seine Leuchtkraft ist Blaugrün auch auf Charts und Folien gut sichtbar – es sollte aber immer mit warmen Tönen ergänzt werden.

**Blau** symbolisiert das Bedürfnis nach Ruhe und Geborgenheit. Ein helles Blau wirkt transparent und weitet räumliche Eindrücke. Ein dunkles Blau eignet sich zum Herausheben und Betonen. Aber Vorsicht bei der Verwendung großer blauer Flächen, weil sie schnell ermüdend wirken und bei schlechter Raumausleuchtung nach Schwarz kippen können. Blau und Rot gegeneinander gesetzt sind sehr gut geeignet, um ein Spannungsfeld deutlich zu machen.

**Braun** vermittelt die Gefühle Erholung und Behaglichkeit. (So schön daher auch holzverkleidete Tagungsräume auf ruhebedürftige Teilnehmer wirken – für uns Referenten sind sie eigentlich denkbar ungeeignet!) Auch als Präsentationsfarbe ist Braun nicht zu empfehlen: Es gehört nicht zu den reinen Farben, sondern entsteht durch eine Trübung von Gelb oder Orange mit Schwarz. Auch Braun kann daher sehr schnell schmutzig wirken und ist außerdem empfindlich gegenüber den Lichtverhältnissen eines Raums.

**Schwarz** bildet den stärksten Kontrast zu Weiß und hat sich daher als Schriftfarbe durchgesetzt. Am angenehmsten für die Augen und nachweislich auch am besten sichtbar ist aber Schwarz auf einem *gelben* Hintergrund.


### Übersicht über die Wirkung von Farben

| | |
|---|---|
| Blau: | kühl, distanziert<br>(„Abstand") |
| Blaugrün: | fest, hart, klar<br>(„Gletscher") |

| | | |
|---|---|---|
| Grün: | beruhigend, entspannend („Wiese") | |
| Braun: | behaglich, dösig („Möbel") | |
| Rot: | warm, dynamisch, temperamentvoll („Feuer") | |
| Orange: | beschwingt, lebendig („Wonne") | |
| gelb: | frech, befreit, hell („Freude") | |
| | | |
| Helle Farben, Pastelltöne | bringen Licht erhöhen Aufmerksamkeit | gut für Hintergründe |
| Dunkle Farben | schlucken Licht, prägnant | gut für Schriften |
| Schwarz auf Gelb | scharf, kontrastvoll | bestens lesbar |
| Rot als Akzent | Betonung, Hinweis | führt das Auge |

# Von der Wandtafel zum Videofilm

Wir möchten hier die gute alte Wandtafel gewiß nicht verteufeln – hat sie doch noch schließlich den meisten von uns Wissen vermittelt, das wir „Weiß auf Schwarz" nach Hause tragen konnten. Aber damit ist auch schon ihr größtes Handicap angesprochen: Abgesehen von einigen technischen Nachteilen, auf die wir gleich noch zu sprechen kommen, ruft der Gebrauch einer Wandtafel unweigerlich Erinnerungen an „Schule" wach – und weckt damit in den meisten Fällen leider Assoziationen von „belehrt werden" und „Zwang".

Wir wollen in diesem Kapitel aber auch nicht in das andere Extrem verfallen. Natürlich gibt es heute schon Tagungsräume, die vor Technik nur so strotzen, in denen der Videobeamer und automatische Verdunkelung schon zur Medienrealität gehören. Aber abgesehen davon, ob es überhaupt wünschenswert ist, daß wir bei all dieser schönen Technik vor unserem Publikum zu Schaltpult-Virtuosen werden – zu einem großen Teil haben wir es doch heute immer noch mit altehrwürdigen Konferenzräumen, Sitzungszimmern oder dem umfunktionierten Ballsaal eines Hotels zu tun.

Daher sprechen wir in diesem Kapitel weniger über technische Medien, deren Herstellung und Einsatz viel Zeit und Aufwand erfordert, sondern über die Medien, die sich in den meisten Fällen leicht beschaffen lassen – und auch handhaben lassen, ohne daß ständig der Techniker im Nebenraum zur Verfügung stehen muß.

*Warum wir dann gegen Wandtafeln sind?*

Der einzige Vorteil – wenn es denn ein Vorteil ist –, den wir in diesem Medium sehen können: Eine Wandtafel zwingt zu einem mäßigen Vortragstempo und ermöglicht dem Auditorium eine langsame Aufnahme der Informationen. Das ist aber auch schon alles. Die wesentlichen Nachteile – von den eingangs erwähnten negativen Assoziationen ganz abgesehen:

– Sie müssen sich beim Schreiben zur Tafel wenden und verlieren dadurch den Kontakt zu Ihrem Publikum und dessen Reaktionen.

- Es ist schwer, an der Tafel in Druckschrift zu schreiben, man verfällt fast automatisch in Handschrift. Damit bieten Sie dem Publikum eher die Gelegenheit einer graphologischen Charakteranalyse als die Möglichkeit, den Inhalt des Geschriebenen aufzunehmen – ganz abgesehen davon, daß die durch die Kreide begrenzte Strichstärke der Schrift die Lesbarkeit in einem großen Auditorium begrenzt und damit im schlimmsten Fall Ihr Tafelvortrag zur Dechiffrierübung für Ihr Publikum wird.

- Und schließlich der größte Nachteil: Sie können nicht mehr als ein Tafelbild vorbereiten oder für einen späteren Bildabruf speichern: „Mit einem Wisch ist alles weg!"

All diese Nachteile sprechen dafür, das Medium Wandtafel kompromißlos durch ein Medium zu ersetzen, das uns heute an fast allen Orten, wo präsentiert wird, zur Verfügung steht oder sich zumindest sehr leicht beschaffen läßt:

## Das Flipchart

Das Flipchart ist das heute wohl gebräuchlichste Instrument der Visualisierung. Eigentlich gehört es nicht nur in jeden Tagungs-, sondern auch in jeden Besprechungsraum. Nicht nur die Nachteile der Wandtafel werden vermieden – es hat auch noch einige weitere Vorteile:

**+ Die Vorteile**

- Es ist nach kurzer Übung leicht zu handhaben.
- Sie können während Ihres Vortrags jederzeit Ergänzungen vornehmen.
- Diskussionsbeiträge können sofort festgehalten werden.
- Sie haben die Möglichkeit zu optischen Rückblenden.
- Es ist ein guter „Stichwortgeber" für Ihren Vortrag.
- Die einzelnen Charts können an die Wand geheftet werden und geben dadurch den Teilnehmern einen Gesamtüberblick über das Thema.

Aber auch die (unserer Meinung nach geringen) Nachteile, die dieses Medium hat, sollen nicht verschwiegen werden:

**– Die Nachteile**

- Auch beim Flipchart ist der Blickkontakt zu Ihren Zuhörern beim Schreiben unterbrochen.
- Die erforderliche „Druckschrift" setzt gewisse zeichnerische Fertigkeiten voraus.
- Bei vorgefertigten Charts sind Korrekturen – insbesondere von Grafiken – relativ aufwendig.
- Die Informationen sind nicht direkt fotokopierfähig.
- Die Zahl der Zuhörer ist begrenzt.
  Bei Entfernungen von mehr als neun Metern kann die Schrift auf einem Flipchart nur noch schlecht gelesen werden.

Bis auf den ersten Punkt – daß der Blickkontakt beim Schreiben unterbrochen wird – sind die Nachteile jedoch eher Begrenzungen als wirkliche Nachteile. Und noch ein weiterer Punkt spricht für *für* dieses Medium – wahrscheinlich auch ein Grund, warum das Flipchart sich heute als das wohl meistverwendete Visualisierungsinstrument bei Besprechungen, Vorträgen und Präsentationen durchgesetzt hat:

Es ist flexibel verwendbar und läßt sich an jedem Ort ohne Kabel, Steckdose oder Leinwand einsetzen. Technische Pannen sind daher (fast) ausgeschlossen.

> *Murphys Gesetz: „If every thing can go wrong, it will!", hat keine Chance!*

Es spricht also nichts dagegen, daß Sie einen kompletten Vortrag als Flipchartvortrag gestalten:

- Ihre Zuhörer sind immer *im Bilde* (!) über das, worüber Sie sprechen.
- Ihr Vortrag wirkt aktuell und aktiv.
- Ihre Zuhörer bleiben immer interessiert und auf Sie als Vortragenden bezogen.
  (Das Flipchart ist gewissermaßen ein Fixpunkt für die Aufmerksamkeit – und darüber hinaus wird Neugierde geweckt, was auf der anderen Seite kommt!)
- Sie können die Hauptpunkte Ihres Vortrags klar und überzeugend herausstellen.
- Ganz nebenbei verfügen Sie über einen roten Faden, der Vergessen und Irrtümer ausschaltet – und Sie brauchen auch keinen „geheimen Spickzettel" mehr!
- Wenn Sie jedem vorbereiteten Chart einen Zeitfaktor zuordnen, haben Sie damit während des Vortrags einen Überblick über Ihr „Timing".

Bei all diesen Vorzügen werden Sie aber sicher eines nicht vergessen (was im übrigen natürlich auch für alle anderen im folgenden vorgestellten Medien gilt):

> *Das Flipchart soll den Vortragenden unterstützen – kann ihn aber niemals ersetzen!*

**Praxis-Tip: Einsatz des Flipcharts bei Vorträgen und Präsentationen**

*Tips für das Herstellen vorbereiteter Charts*

### 1. Inhalt

Bringen Sie nur die wichtigsten Informationen auf die Charts.

Das Flipchart darf nicht zum „Ablesegerät" werden. Es soll Ihre Präsentation stützen.

### 2. Blankoblätter einfügen

Selbst wenn Sie in Ihrem Vortrag nur mit vorgefertigten Charts arbeiten wollen:

Lassen Sie die Möglichkeit zur Entwicklung neuer Ideen und zum Aufgreifen von Teilnehmerbeiträgen auf Blankoblättern offen.

### 3. Textumfang

Nie mehr als 5 (+/-2) Informationseinheiten auf einem Blatt aufnehmen.

### 4. Schrift

Schreiben Sie besser zu groß als zu klein (Richtwert: ca. 8–10 cm große Buchstaben).

Prüfen Sie nach Möglichkeit vorher die Sichtbarkeit des Textes für die entferntesten Teilnehmer!

Schreiben Sie den Text mit Bleistift vor. Dieser geringe Mehraufwand kann Ihnen viel Arbeit ersparen, denn der mit Filzschreiber geschriebene Text läßt sich nur schwer korrigieren (mit Tipp-Ex oder überkleben).

Wenn Sie das Flipchart während ihres Vortrags beschreiben und kein kariertes Papier zur Verfügung steht, können Sie Berg- und Talfahrten der Schrift dadurch vermeiden, daß Sie sich vorher feine Hilfslinien mit Bleistift ziehen.

### 5. Aufmerksamkeit fördern und lenken

Schon kleine Illustrationen können ein Text-Chart sehr viel lebendiger machen.

Verdeutlichen Sie die wichtigsten Ideen zumindest durch Symbole (zusammenfassende Klammern, Ausrufe- und Fragezeichen, Plus- und

Minuspunkte) oder durch unterschiedliche Farben oder verschieden große Buchstaben.

### 6. Das „letzte Blatt"

Denken Sie an die abschließende Zusammenfassung.

Das kann nicht nur eine Aufzählung der wichtigsten dargebotenen Themen sein – ein Ausblick, ein Aktionsprogramm oder Thesen zur Diskussion sind ebenfalls möglich.

## Während des Vortrags

### 1. Die Technik prüfen

Vergewissern Sie sich unbedingt, wie die Klemmvorrichtung am Flipchart funktioniert (da gibt es leider immer noch sehr heimtückische Konstruktionen!) und ob die einzelnen Blätter beim Umblättern oder Abreißen eines einzelnen Blattes noch zusammenhalten.

Ein Herunterflattern der Blätter während Ihrer Präsentation sichert Ihnen zwar die Anteilnahme Ihres Auditoriums, macht aber doch einen unprofessionellen und damit negativen Eindruck.

Prüfen Sie daher auch, *bevor* Sie zu schreiben anfangen, ob die Filzschreiber nicht eingetrocknet sind.

### 2. Kontakt halten

Halten Sie beim Sprechen immer Blickkontakt mit Ihren Teilnehmern – auch und besonders dann, wenn Sie etwas auf dem Flipchart zeigen.

Also nie gegen das Flipchart sprechen!

### 3. Schreiben und Sprechen

Sprechen Sie nicht beim Schreiben oder Anfertigen von Zeichnungen, auch wenn Ihnen dabei die stillen Sekunden lang werden sollten!

Sie verschenken sonst einen großen Teil der Wirkung des Geschriebenen: Ihre Zuhörer brauchen Zeit, um die neuen Informationen aufzunehmen.

„Synchronisieren" Sie anschließend das geschriebene und gesprochene Wort, indem Sie auf die entsprechenden Textstellen mit der Hand oder dem Zeigestab hinweisen.

## 4. Vortragsrhythmus

Auch wenn Sie nicht während des Vortrags schreiben, sondern vorgefertigte Blätter verwenden:

Vergessen Sie die Sprechpausen nicht!

Pausen sind ein wichtiger Hörerservice. Sie geben Ihren Zuhörern die Möglichkeit, Informationen auf dem Flipchart zu verarbeiten.

Wer keine Pausen macht, verschenkt viel der möglichen Wirkung seiner Visualisierungshilfsmittel!

Wechseln Sie auch öfter den Rhythmus beim Erläutern der Flipchart-Informationen:

So ist es zum Beispiel besonders effektiv, wenn Sie vor wichtigen Inhalten ein weißes Deckblatt auflegen und die Hauptinformation dann „dramatisch" aufdecken.

Oder Sie ergänzen bewußt freigelassene Stellen. Aber dann tun Sie es möglichst mit *Effekt* (andere Farbe, Buchstabengröße oder mit einem Symbol)!

## 5. Den Überblick fördern

Wenn Sie viele Charts hintereinander vorstellen, dann machen Sie nach jeweils 6 bis 8 Blättern eine kurze Zusammenfassung.

Heften Sie die wichtigsten abgehandelten Blätter an die Wand:

Das hilft Ihren Zuhörern, sich zu orientieren und den roten Faden zu behalten – und auch Ihnen hilft es, immer wieder den Gesamtzusammenhang des gerade Dargebotenen in Erinnerung zu rufen.

# Der Tageslicht-Projektor

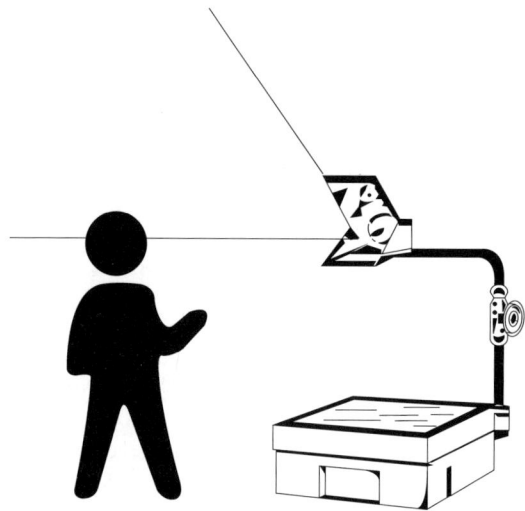

Auf den ersten Blick scheint der Tageslicht- oder Overhead-Projektor gegenüber dem Flipchart nur Vorteile zu besitzen:

**+ Die Vorteile**

- Die Transparentfolien können einfacher als die Blätter des Flipcharts zu Hause am Schreibtisch vorbereitet werden.
- Sie können bequem transportiert und aufbewahrt werden.
- Sie sind sofort kopierfähig.
- Man kann sie auch in größeren Räumen (bis max. 25 m) einsetzen.
- Sie behalten den ständigen Blickkontakt zu Ihrem Publikum.
- Sie können beim Vortrag sowohl sitzen als auch stehen.
- Komplexe Prozesse und Zusammenhänge lassen sich durch das Kombinieren mehrerer Folien übereinander (sogenannte „Overlay"-Technik – wird unten erklärt) interessant darstellen.

Aber Vorsicht! Der Tageslicht-Projektor ist nicht einfach ein „verkleinertes" Flipchart. Er ist ein *technisches* Medium und erfordert daher, daß man diese Technik auch beherrscht.

182

Bei der Überlegung: „Tageslicht-Projektor einsetzen oder nicht?" sollten Sie daher die folgenden Nachteile dieses Mediums berücksichtigen:

## – **Die Nachteile**

- Die Geräusche, die das Gebläse des Projektors entwickelt, können Vortragenden und Zuhörer stören.
- Die Helligkeit wirkt auf Dauer auf den Vortragenden ermüdend.
- Um eine gute Wiedergabe sicherzustellen, muß die Technik (insbesondere Neigung der Leinwand!) genau abgestimmt werden.
- Handschriftliche Eintragungen auf der Folie während des Vortrags sind nur bei guter Schrift lesbar.
- Anders als bei abgehängten Flipchart-Blättern ist keine ständige Betrachtung der Folieninhalte möglich.

Noch sorgfältiger als beim Flipchart muß beim Tageslicht-Projektor auf den richtigen Standort des Geräts geachtet werden.

Natürlich ist die Wahl des Standorts abhängig von der Raumgröße, der Raumform, der Sitzordnung und der Zahl der Teilnehmer. Einige Hinweise lassen sich aber doch geben:

Der Projektor sollte nach Möglichkeit links neben Ihnen stehen. So können Sie mit der rechten Hand auf die Folie zeigen oder schreiben, ohne daß Sie Teile der Leinwand verdecken. Außerdem erleichtern Sie Ihren Zuhörern das Mitschreiben (sofern Sie kein Linkshänder sind).

183

Richtiger Standort und Arbeitsposition beim Tages-Projektor:

Die Aufstellung bzw. Aufhängung der Projektionsleinwand muß ausprobiert werden. Sie muß so hoch angebracht werden, daß auch die vorne sitzenden Teilnehmer gute Sichtbedingungen haben:

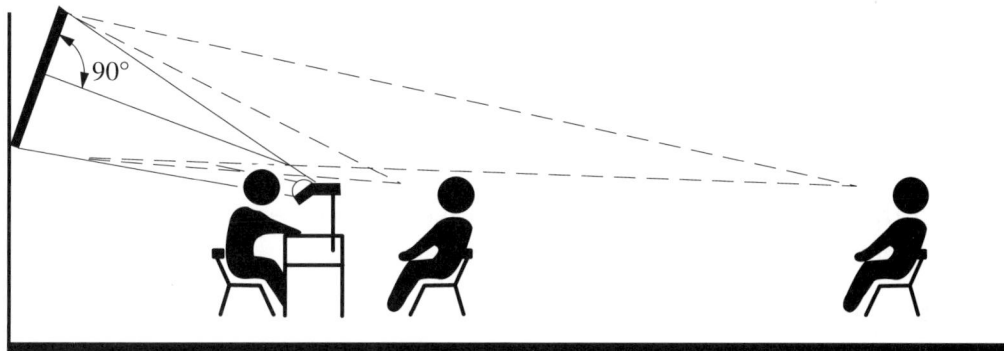

Nach Möglichkeit sollte die Projektionsleinwand – wie in der Abbildung gezeigt – leicht nach vorne geneigt angebracht sein. Damit werden Verzerrungen und Unschärfen des Projektionsbildes vermieden. Im Idealfall sollen Projektions- und Abstrahlebene einen Winkel von 90 Grad bilden:

**Die Schärfe Ihrer Argumentation gewinnt mit der Schärfe des Projektionsbildes!**

*Tips für die Foliengestaltung*

Für die Gestaltung von Folien gelten natürlich im Prinzip die gleichen Gestaltungsregeln wie für die Blätter des Flipcharts:

**Auf die Folien gehören nur Kernaussagen.**

Also nie mehr als 7 Zeilen auf eine Textfolie. Eine Folie ist kein Buchstabengrab – verfallen Sie also bitte nicht in die Unart mancher Vortragenden, die Folien als Manuskriptersatz benutzen und ihren Zuhörern auf Folie kopierte Schreibmaschinen-Seiten zumuten.

**Aktivieren Sie Ihre Zuhörer durch Farben, Bilder oder auch Karikaturen.**

(Hier ist es von Vorteil, daß sich heute mit jedem Kopierer Abbildungen aus Büchern usw. leicht auf Folien bringen lassen.)

Einiges ist bei Folien allerdings anders als beim Flipchart und muß bei der Herstellung berücksichtigt werden:

*Bild- und Schriftgröße*

Die Gestaltungsfläche einer Folie ist durch die Projektionsfläche des Projektors auf 19 cm Breite und 24 cm Höhe begrenzt.

Die Schriftgröße ist vom Abstand des Projektors zur Leinwand und der Zuschauer-Entfernung abhängig. Als Faustregel gilt:

Bei einem Abstand von ca. 2 Metern zwischen Projektor und Leinwand entspricht die Buchstabenhöhe in Millimetern der Entfernung zum letzten Zuschauer in Metern. (Bei einer Entfernung von 15 m muß die Schrift auf der Folie also ca. 15 mm hoch sein.)

*Kopierfolien*

Normale Weichfolien, die mit der Hand beschriftet werden, dürfen Sie auf keinen Fall durch den Fotokopierer schicken. Das Material schmilzt und beschädigt die Trommel des Kopierers – eine teure Reparatur wäre die Folge. Also nur Spezialfolien verwenden, die als kopierfähig gekennzeichnet sind.

Farbkopierer erreichen heute eine Qualität, die man noch vor wenigen Jahren für unmöglich gehalten hätte. Das gilt aber in den meisten Fällen nur für Farbkopien auf Papier. Lassen Sie sich also nicht durch noch so brillante Ergebnisse auf Papier täuschen: Die Qualität auf Folien kann ganz anders ausfallen. Der Grund liegt darin, daß die Farbpartikel des Kopierers in der Regel nicht transparent sind – bei der Projektion bekommen diese Farben einen Grauschleier oder wirken sogar schwarz.

Verlassen Sie sich also nicht auf einen zunächst guten optischen Farbeindruck, wenn Sie eine Farbkopie auf einer Transparentfolie ohne Projektor betrachen. Probieren Sie die Projektionsqualität unbedingt aus! Im Fotolabor hergestellte Folien sind zwar leider wesentlich teurer, liefern aber immer noch die besten Ergebnisse.

186

*Aufbewahrung*

Auch wenn Sie Folien nur einmal verwenden, sollten Sie sie vor dem Vortrag archivieren. Den Vorteil dieser kleinen Mühe werden Sie spätestens dann einsehen, wenn Sie während des Vortrags versuchen, eine bestimmte Folie aus der Mitte eines Folienstapels herauszuziehen. Adhäsionskraft und elektrostatische Aufladung machen einen solchen einfachen Griff zu einer wahren Operation – sehr zum Vergnügen Ihrer Zuschauer!

Jede Folie sollte also eine eigene Klarsichthülle bekommen, in der Sie sie auch in einem Ordner in der Reihenfolge Ihres Vortrags abheften können.

Wenn Sie die Folien nur einmal verwenden müssen, reichen einfache, an zwei Seiten offene Dokumentenhüllen aus, aus denen Sie die Folien während Ihres Vortrags herausnehmen. Für hochwertige Folien, die Sie immer wieder verwenden wollen, eignen sich die einfachen Dokumentenhüllen allerdings nicht, weil sie mit der Zeit mit der Folienoberfläche verkleben und diese dadurch zerstören.

Im Handel sind spezielle, hochtransparente Folienhüllen aus Hartplastik erhältlich (z. B. Helox, Vista). Die Verwendung solcher Hüllen hat noch einen weiteren Vorteil: Sie können sie während des Vortrags beschreiben und dadurch Ihre vorbereiteten Folien ergänzen. In diesem Fall sollten Sie natürlich darauf achten, nur abwaschbare Folienschreiber zu verwenden. Die Schrift von Permanent-Folienschreibern läßt sich nur mühevoll mit Spiritus wieder entfernen.

Eine andere Möglichkeit: Sie benutzen vorgerahmte Folien (zum Beispiel von 3M). Die Rahmen sind zum Abheften vorgelocht, und Sie können darauf, für Ihre Zuhörer unsichtbar, kleine Stichworte für Ihren Vortrag anbringen.

Einige dieser Rahmen enthalten auch Lochungen für Arretierstifte, die auf den meisten Projektoren angebracht sind. Auf diese Weise können Sie Folien im Overlay-Verfahren zeigen: Sie bauen auf einer Grundfolie auf und erweitern diese mit paßgenau darübergelegten Folien. So können Sie komplexe Sachverhalte schrittweise vor Ihren Zuhörern entwickeln und Prozesse und Zusammenhänge dadurch verständlicher machen:

*Overlay-Verfahren:* Komplexes schrittweise aufbauen

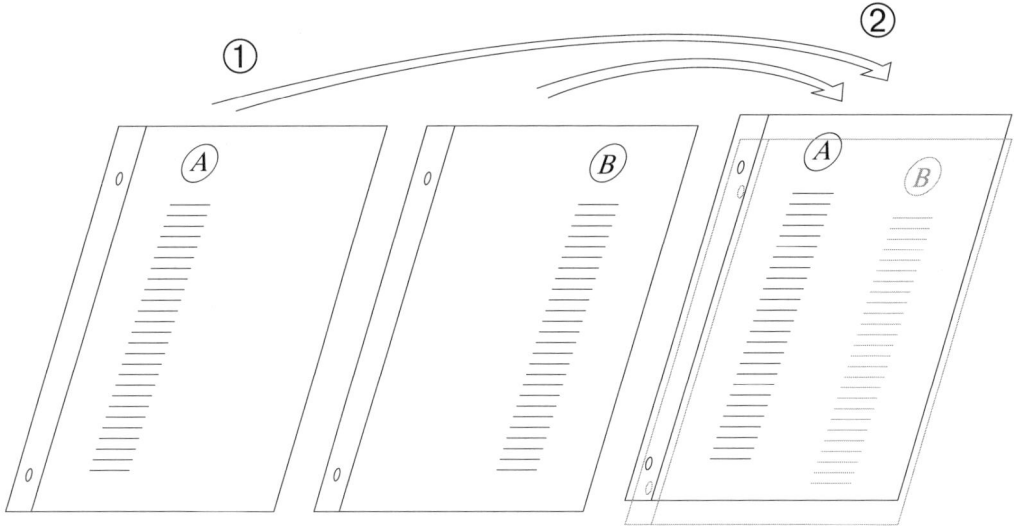

*Projektor-Technik*

Leider sind immer noch viele Tagungsräume – gemessen am heutigen Stand der Technik – mit vorsintflutlichen Tageslicht-Projektoren ausgestattet. Wir hegen den Verdacht, daß die Beschaffer solcher Vortragsfallen noch nie selbst damit arbeiten mußten, denn die Mängel einer falschen Ausstattung werden in der praktischen Anwendung sehr schnell offensichtlich. Und nichts ist schlimmer, als wenn Technik Sie und Ihre Zuhörer irritiert, statt das zu leisten, was sie leisten soll: zu einem besseren Verständnis, zu einer besseren Verständigung beizutragen!

Wenn Sie öfter präsentieren und Einfluß auf die Beschaffung haben, sollten dies Ihre Forderungen bei einem Tageslicht-Projektor sein:

- Fahrbarer Projektortisch mit seitlichen Ablageflächen für Folien und Vortragsmanuskript.
- Der Tisch sollte höhenverstellbar beziehungsweise der Projektor versenkbar sein, um Ihnen das wahlweise Arbeiten im Sitzen oder Stehen zu ermöglichen.
- Der Projektor muß eine eingebaute Ersatzbirne besitzen, die auf Knopfdruck eingeschaltet werden kann, wenn die Hauptbirne ausfällt.

188

- Die ganze Projektionsfläche muß gut und gleichmäßig ausgeleuchtet sein. Unscharfe Schrift und Farbverzerrungen am Rand sind heute wirklich nicht mehr nötig, und es gibt inzwischen auch wirklich leuchtstarke Projektoren, bei denen das Licht im Raum nicht abgedunkelt werden muß.
- Schließlich sollten die Bedienungstasten, insbesondere zum Ein- und Ausschalten der Lampe und zur Regelung der Leuchtstärke, leicht in jeder Arbeitsposition (sitzend oder stehend) zugänglich sein.

**Praxis-Tip: Umgang mit dem Tageslicht-Projektor**

*Vorbereitung*

*1. Folien-Herstellung mit dem Kopierer*

Wenn direkt vom Original auf die Folie kopiert wird, ist die Qualität der Abbildung oft nicht so gut.

Besser ist es, wenn man vorher eine Fotokopie macht, von der dann die Folie erstellt wird.

*Denken Sie dabei daran, daß von den meisten Projektoren eine vollständige DIN-A4-Seite in der Länge nicht ganz auf einmal wiedergegeben werden kann (maximale Länge 24 cm).*

*2. Vorbereitung der Folien für den Vortrag*

Auch wenn die Handlichkeit der Folien einen schnellen Zugriff erlaubt: Sortieren Sie die Folien vorher in der richtigen Reihenfolge.

Erstellen Sie sich bei umfangreicheren Foliensätzen eine durchnumerierte Titelliste, und numerieren Sie die Folien ebenfalls entsprechend durch.

Legen Sie hinter jede Folie ein weißes Zwischenblatt, sonst können Sie bei übereinanderliegenden Folien den Inhalt einer einzelnen Folie kaum erkennen und haben Schwierigkeiten, die aktuell benötigte herauszufinden. Ein solches Zwischenblatt verhindert außerdem, daß die Folien aneinanderkleben.

Achten Sie beim Einsortieren darauf, daß keine Folie über Kopf liegt und auf dem Projektionstisch erst umständlich gedreht werden muß.

### 3. Blankofolien bereitstellen

Auch wenn Sie einen Vortrag ohne Diskussion beabsichtigen, sollten Sie zur Aufnahme neuer Gedanken auf jeden Fall Blankofolien und die entsprechenden Folienstifte (abwaschbar!) bereitstellen.

*Das gilt auch dann, wenn im Projektor eine abrollbare Folie eingebaut ist. Deren Mechanik kann klemmen. Außerdem hat sie den Nachteil, daß Sie die Folie mühsam zurückrollen müssen, wenn Sie später auf etwas zurückgreifen wollen, das Sie während Ihres Vortrags darauf geschrieben haben.*

### 4. Technik prüfen

Prüfen Sie die Funktionsfähigkeit des Projektors rechtzeitig vor dem Vortrag, so daß Sie gegebenenfalls noch einen Ersatz-Projektor oder Ersatzbirnen beschaffen können.

Machen Sie sich damit vertraut, wie Sie die Schärfe nachstellen und den Projektionswinkel verändern können.

Trainieren Sie vorher, wie die Ersatzbirnen ausgetauscht werden, wenn Sie keinen Projektor mit zuschaltbarer Zweitbirne zur Verfügung haben.

Besser ist es aber in diesem Fall, ein Zweitgerät (in aufgebautem und funktionsfähigem Zustand!) zur Verfügung zu haben, da das Auswechseln einer Ersatzbirne viel Zeit kostet und den Fluß der Präsentation sehr empfindlich stören kann.

### 5. Lichtverhältnisse prüfen

Vergewissern Sie sich, ob das Projektionsbild auch bei vollem Tageslicht gut sichtbar ist. (Denken Sie daran, daß die Sonneneinstrahlung vormittags besonders intensiv sein kann, wenn die Fenster nach Osten gehen!)
Wenn nötig, prüfen Sie, welche Verdunklungsmöglichkeiten bestehen und wie diese zu bedienen sind.

### Während des Vortrags

### 1. Projektionsbild prüfen

Wenn Sie die erste Folie auflegen, vergewissern Sie sich zuallererst durch einen kurzen Blick nach rückwärts, ob die Einstellung des Projektions-

190

winkels und die Schärfe noch stimmt und ob die Folie die richtige Lage auf der Projektorfläche hat.

Achten Sie darauf, daß Sie nicht zwischen Zuschauer und dem Bild stehen. (Vergewissern Sie sich ruhig darüber durch eine kurze Rückfrage bei den Zuschauern. Damit haben Sie auch gleich deren volle Aufmerksamkeit!)

## 2. Pausen

Machen Sie beim Auflegen jeder neuen Folie eine Sprechpause, damit Ihre Zuhörer sich in der Darstellung orientieren können. (Je komplizierter die Darstellung ist, desto länger müssen die Pausen sein.)

Wenn eine Folie besprochen ist, stellen Sie den Projektor ab, er ist sonst eine ständige Quelle der Ablenkung. (Ausnahme: Mehrere Folien beziehen sich direkt aufeinander.)

## 3. Erklären von Folieninhalten

Geben Sie Erklärungen einzelner Punkte auf der Folie nicht an der Leinwand, sondern auf der Projektionsplatte.

Zeigen Sie nicht mit dem Finger auf die Folie, sondern mit einem Zeigestift oder Bleistift.

Am besten legen Sie dann den Zeigestift auf der Projektionsplatte ab: Unsere Hände zittern immer ein ganz klein wenig (auch ohne Lampenfieber!), und diese minimale Bewegung wird durch die Projektion stark vergrößert und lenkt die Zuschauer ab.

## 4. Abdecktechnik

Sind mehrere Punkte auf einer Folie dargestellt, sollten die im Augenblick nicht besprochenen Punkte durch einen Zettel abgedeckt werden.

Das Aufdecken der einzelnen Punkte nacheinander wirkt wie die Entwicklung eines Arguments: Der Zuhörer erlebt diesen Vorgang aktiv, seine Aufmerksamkeit wird fast automatisch erhöht.

(Falls bei grafischen Darstellungen das Abdecken einzelner Bildteile nicht oder nur sehr umständlich möglich ist, sollte besser die Overlay-Technik, daß heißt die Kombination mehrerer übereinandergelegter Folien verwendet werden.)

# Dias und Filme

Auch wenn Ihre Urlaubsfotos oder selbstgedrehten Videofilme in Ihrem privaten Bekanntenkreis bisher durchaus mit Begeisterung aufgenommen worden sind – bei offiziellen Präsentationen sollten Sie die nötige Distanz zu Ihren kreativen Fähigkeiten haben und auf die Vorführung von „Hausgemachtem" verzichten. (Es sei denn, Sie sind ein ausgemachter Profi.)

Der Grund für unsere Empfehlung, hier Zurückhaltung zu üben: Bei Video und Film haben die Zuschauer heute – nicht zuletzt auch durch die Werbung – sehr anspruchsvolle Sehgewohnheiten entwickelt. Zugegeben nicht unbedingt immer inhaltlich, aber zumindest, was die Bild- und dramaturgische Qualität des Dargebotenen betrifft. (Sie werden dies selbst schon oft festgestellt haben, wenn Sie alte Filme wiedersehen, die Sie vor 10 oder 20 Jahren interessant oder sogar aufregend empfanden, die Ihnen aber heute nur noch ein müdes Gähnen entlocken können.) Besonders die rasante Schnittechnik von Werbefilmen und Videoclips hat hier unsere Sehgewohnheiten und Ansprüche völlig verändert.

Die Herstellung von Dias, Filmen oder Videoaufzeichnungen sollte man daher in jedem Fall Profis überlassen, die dafür richtig ausgerüstet sind und über das notwendige Know-how verfügen. Daß dies nicht nur Zeit, sondern in der Regel auch sehr viel Geld kostet, versteht sich von selbst. Wir werden hier auf den Einsatz dieser Medien daher nur kurz eingehen.

Natürlich haben professionell gemachte Dias oder (Video-) Filme ihre Vorteile:

- Sie erlauben naturgetreue Darstellungen.
- Besonders das bewegte Bild spricht neben dem Verstand auch das Gefühl an.
- Bestimmte Sachverhalte können nur durch das bewegte Bild anschaulich gemacht werden.

Abgesehen von dem apparativen Aufwand haben diese Medien aber den entscheidenden Nachteil, daß Ihr Kontakt zu den Zuhörern in der Regel während der Vorführung verlorengeht.

Das liegt nicht nur daran, daß (außer beim Videofilm) der Raum verdunkelt werden muß und Sie dadurch keinen Blickkontakt zu den Zuhörern mehr haben – das Medium selbst hat eine so starke Präsenz und fesselt die Aufmerksamkeit so sehr, daß Sie anschließend Mühe haben, das Auditorium wieder auf sich zu lenken.

*Fazit:*

*Wenn es Ihnen nicht nur darauf ankommt, ein Auditorium durch die Brillanz der eingesetzten Technik zu beeinflussen, sondern Sie zum Dialog kommen wollen oder müssen, dann setzen Sie Dias und Filme niemals allein, sondern nur als begleitendes Medium ein.*

Am besten wählen Sie die Inhalte so, daß nicht alles durch das Medium gesagt wird, sondern daß Anreiz zur anschließenden Diskussion darüber geboten wird.

Überlegen Sie auf jeden Fall sorgfältig, ob der Einsatz dieser Medien wirklich zwingend ist oder ob Sie nicht mit selbst erstellten Charts und Folien den gleichen Zweck mit viel weniger Aufwand erreichen können.

## Die Pinnwand

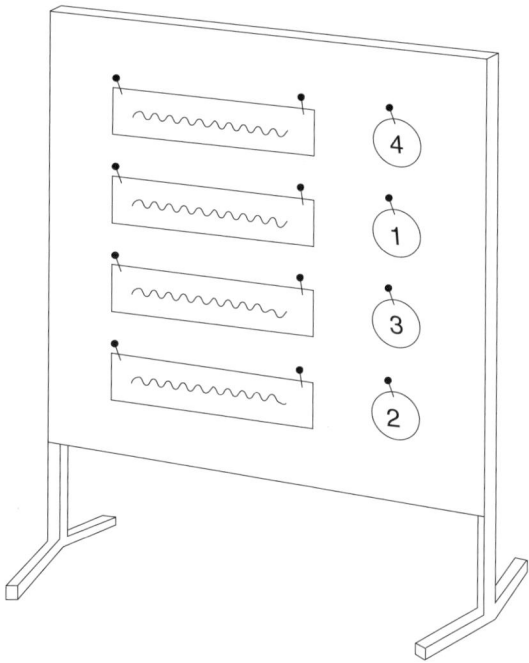

Auf den ersten Blick sieht die Pinnwand aus wie ein verbreitertes Flipchart, an dem man die Charts statt mit einer Klemmvorrichtung mit Markierungsnadeln befestigt. Natürlich kann man die Pinnwand auch so benutzen. Bei *richtiger* Anwendung ist sie aber viel mehr: nicht nur Hilfsmittel zum Visualisieren, sondern ein

> *Werkzeug zum Steuern von Diskussionen und Entscheidungsprozessen.*

Um die Vorteile zu erkennen, die uns der Einsatz von Pinnwänden zur Steuerung von Diskussions- und Entscheidungsprozessen in unseren Präsentationen bringen kann, sollten wir uns zunächst noch einmal die Nachteile üblicher „Debattier-Runden" vor Augen führen.

In den meisten Diskussionen geschieht Verständigung vorwiegend über die Sprache, d. h. es werden fast ausschließlich die Kommunikationsmittel Stimme und Ohr verwendet. Dies hat für die *Effizienz* der Kommunikation erhebliche Folgen. Jeder von uns macht fast täglich damit immer wieder seine ermüdenden und frustrierenden Erfahrungen:

- Wird über einen längeren Zeitraum diskutiert, ist es fast unmöglich zu behalten, wer was gesagt hat.
- In der Regel springt das Gespräch hin und her. Gesprächsbeiträge beziehen sich oft auf das, was Minuten vorher von anderen gesagt wurde, weil man nun endlich zu Wort gekommen ist. Eine logische inhaltliche Struktur des Gesprächs ist nicht erkennbar, oft dreht sich die Diskussion im Kreis.
- Da nur eine Person zur Zeit sprechen kann, ist die sogenannte „Interaktionsdichte" (d. h. die Anzahl der Wortergreifungen pro Zeiteinheit) sehr gering. Bei einem größeren Teilnehmerkreis dauert es sehr lange, bevor sich ein Meinungsbild ergibt. Die Folge: Ungeduld und eine immer geringer werdende Neigung, den anderen zuzuhören.
- Häufig ist die Wortergreifung in einer Gruppe sehr ungleich verteilt. In der Regel liefern 20 Prozent der Teilnehmer 80 Prozent der Wortbeiträge. Die Folge: ebenfalls Ungeduld und „Abschalten" bei den übrigen Teilnehmern.
- Wenn ein Gesprächsleiter die Länge und Reihenfolge der Diskussionsbeiträge bestimmt, hat er damit ein Machtmittel in der Hand, denn er kann die Schwerpunkte der Diskussion stark beeinflussen.
- Das schließlich gefundene Diskussionsergebnis spiegelt nicht immer die tatsächlichen Meinungsverhältnisse bei der Gruppe wider, sondern oft nur

die Durchsetzungsfähigkeit einzelner Teilnehmer. Die Folge: die Gruppe steht nicht geschlossen hinter den erzielten Ergebnissen.

Diese Nachteile können durch konsequenten Einsatz der Pinnwand bei Diskussionen, Meinungsabfragen und Entscheidungsfindung in Gruppen vermieden werden, wenn die Pinnwand zur optischen Darstellung des Gesprächsverlaufs eingesetzt wird. Die Grundregel:

*Jeder Gesprächsteilnehmer ist nicht nur Sprecher, sondern auch*
**Visualisierer seiner Beiträge.**

Die Pinnwand dient also nicht allein der optischen Darstellung von Gesprächsergebnissen (das wäre auch mit dem Flipchart möglich) – sie ermöglicht vor allem die Visualisierung der *Entwicklung* eines Gesprächsverlaufs oder eines Entscheidungsprozesses.

*Die Visualisierung einer Diskussion mit der Pinnwand*

Wie jede – normale – Diskussion muß natürlich auch eine mit Hilfe der Pinnwand visualisierte Diskussion gesteuert werden. Die zwei wichtigsten Moderationstechniken hierfür werden wir gleich vorstellen. Eine erste Voraussetzung ist aber, daß jeder Gesprächsteilnehmer direkten Zugang zu den Kommunikationswerkzeugen hat, die für die Pinnwand-Technik benötigt werden:

# Checkliste: Erforderliches Arbeitsmaterial für die Pinnwand-Technik

*Pinnwände*

Sie bestehen aus 15 mm starken Schaumstoffplatten, die von beiden Seiten mit Papier kaschiert sind.

Es sollten so viele Pinnwände vorhanden sein, daß man den Ablauf der Diskussion vollständig dokumentieren kann.

*Packpapier*

Die Pinnwände werden mit hellbraunem Packpapier von der Größe der Pinnwandfläche mit Hilfe von Markierungsnadeln bespannt. Visualisiert wird also nicht auf der Pinnwand direkt, sondern auf dem Packpapier.

*Vorgestanzte Karten*

Es gibt diese Karten im Handel in verschiedenen Größen und Formen (Rechtecke, Ovale, Kreise und Streifen) und in verschiedenen Farben. Gesprächsbeiträge und Gesprächsergebnisse werden zunächst auf diese Karten notiert und dann mit Markierungsnadeln an die Pinnwand geheftet (bzw. anschließend geklebt, wenn man die Ergebnisse aufbewahren will).

*Filzschreiber*

Für jeden Teilnehmer muß ein Filzschreiber zur Verfügung stehen.

Die Strichstärke sollte noch aus 6 m Entfernung gut lesbar sein.

Zur optischen Nacharbeit sollten noch weitere, dicke Filzschreiber (Empfehlung: Edding 800 = 8 mm breit) in verschiedenen Farben vorhanden sein.

*Markierungsnadeln*

Die Markierungsnadeln erlauben es, Gesprächsbeiträge auf den Pinnwänden umzustecken und damit schnell neu zu strukturieren.

*Selbstklebepunkte*

Sie werden für Entscheidungsprozesse zum Gewichten von Meinungen benötigt.

Die im Handel erhältlichen Selbstklebepunkte haben einen Durchmesser von 19 mm. Zwei unterschiedliche Farben, z. B. schwarz und rot, genügen.

*Weitere Hilfsmittel*

Zum Weiterverarbeiten der Ergebnisse benötigt man noch Scheren, Klebestifte, Tesafilm oder besser Tesakrepp oder einen Pinnwand-Kopierer.

Wie man diese Materialien einsetzt, um Diskussionen zu visualieren und zu strukturieren, wollen wir nun zeigen, indem wir zwei der gebräuchlichsten Pinnwand-Techniken vorstellen.

*Kartenabfrage*

Die Methode der Kartenabfrage kann immer dann angewendet werden, wenn in einer Diskussion eine Frage so gestellt werden kann, daß sie in Stichworten beantwortbar ist.

Die Frage wird zunächst visualisiert und an die Pinnwand geheftet.

Beispiel:

Zu dieser Frage schreibt jeder Teilnehmer seine Antworten in Stichworten auf Karten. (Jeder Teilnehmer kann beliebig viele Stichworte notieren, Sie können aber auch die Zahl der Karten begrenzen, z. B. auf drei Karten pro Teilnehmer.)

Anschließend werden die Karten eingesammelt und so auf der Pinnwand geordnet, daß sinngemäß Zusammengehöriges auch optisch zusammensteht. Das Ergebnis sieht dann z. B. so aus:

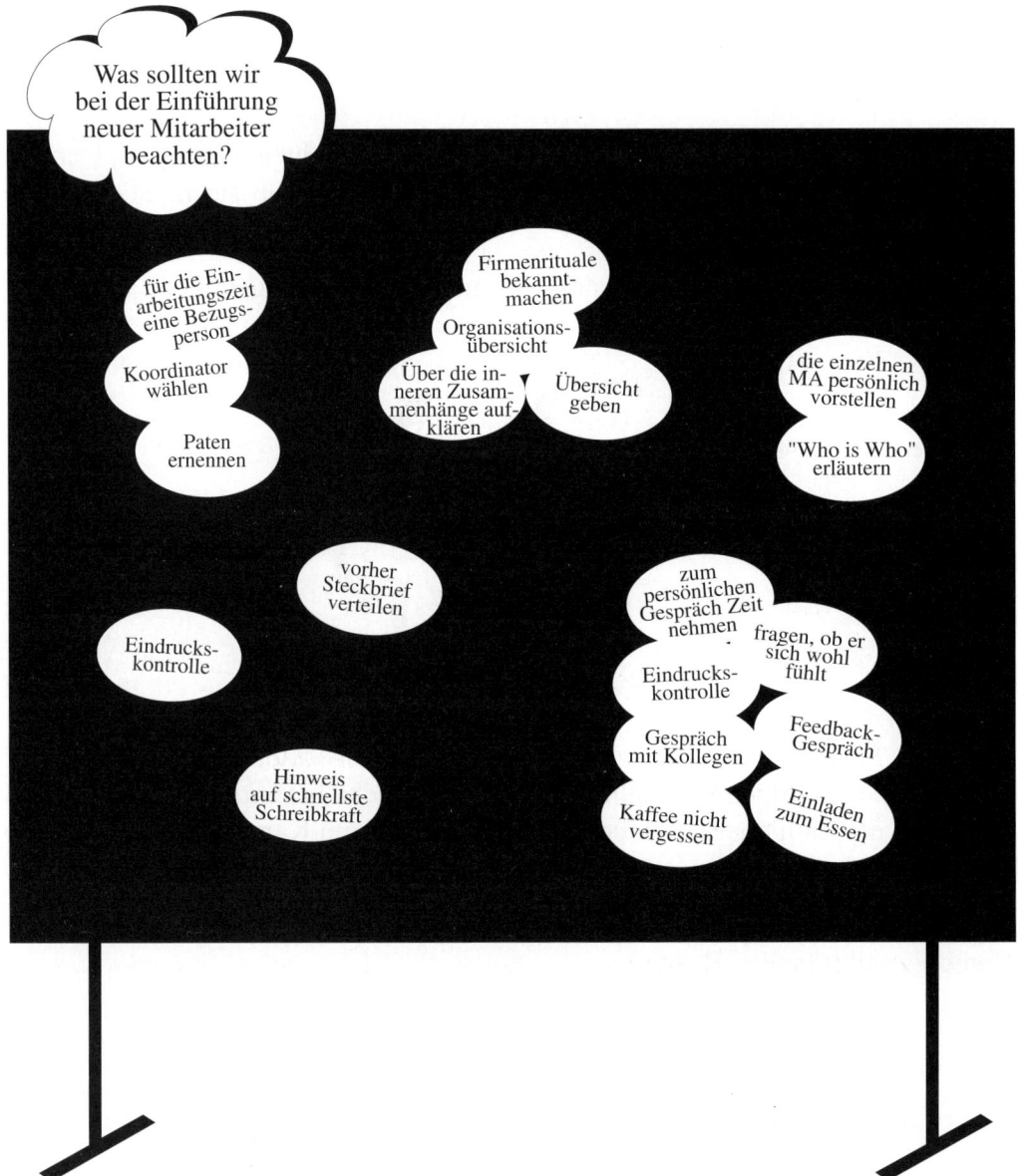

Sie sehen, daß die Kartenabfrage im Prinzip eine Art schriftliches Brainstorming ist. Die Vorteile dieses Vorgehens liegen auf der Hand:

- Innerhalb kürzester Zeit entsteht ein Meinungsspektrum, das die Antworten *aller* Beteiligten enthält.
- Es wird sofort optisch transparent, wie breit oder eng das Spektrum der Antworten ausfällt.
- Niemand wird in seiner Kreativität (z. B. durch vorzeitiges „Dagegendiskutieren") eingeengt – alle Ideen werden sichtbar gemacht und sind somit verwertbar.
- Die Zahl der Karten zu einem zusammenhängenden Thema gibt optisch ein Bild davon, wo die Schwerpunkte der Antworten liegen.

Anschließend können Sie den einzelnen Kartenfeldern Überschriften geben. Dies ist der nächste Schritt der Diskussion, denn Sie erhalten dadurch automatisch eine Problem- oder Entscheidungsliste.

Diese kann mit der nächsten Pinnwand-Methode weiterbearbeitet werden – der

*Punktabfrage.*

Ziel der meisten Diskussionen ist es ja nicht, lediglich Meinungen und Stellungnahmen zu erörtern, sondern daraus Entscheidungen herauszukristallisieren. Jeder kennt die Schwierigkeiten, die sich dabei – besonders in größeren Gruppen – ergeben: Irgendwann geht der Überblick über die Vielfalt und auch die Widersprüche der vorgebrachten Meinungen verloren, das Gespräch dreht sich im Kreis oder es besteht die Gefahr, daß nur die Vielsprecher gehört werden und sich schließlich durchsetzen.

Die Punktabfrage kann hier helfen, in kurzer Zeit Themenschwerpunkte festzusetzen und Prioritäten der Bearbeitung festzulegen.

Die Technik der Mehrpunktfrage auf einen Blick:

Zu einer Themen-, Problem- oder Entscheidungsliste, die auf der Pinnwand visualisiert ist, wird eine Entscheidungsfrage gestellt.
Auf einer Skala oder in einem Koordinatenfeld kennzeichnet jeder Teilnehmer mit Hilfe von Selbstklebepunkten seine Meinung. (Stehen keine Selbstklebepunkte zur Verfügung, kann auch mit Filzstiften gepunktet werden.)

Das Ergebnis der Abfrage wird ausgezählt, die höchstgewichteten (also am meisten gepunkteten) Themen werden durch Rangziffern oder -buchstaben gekennzeichnet.

So kann dann zum Beispiel das Ergebnis einer Punktabfrage aussehen:

*Ergebnis einer Punktabfrage*

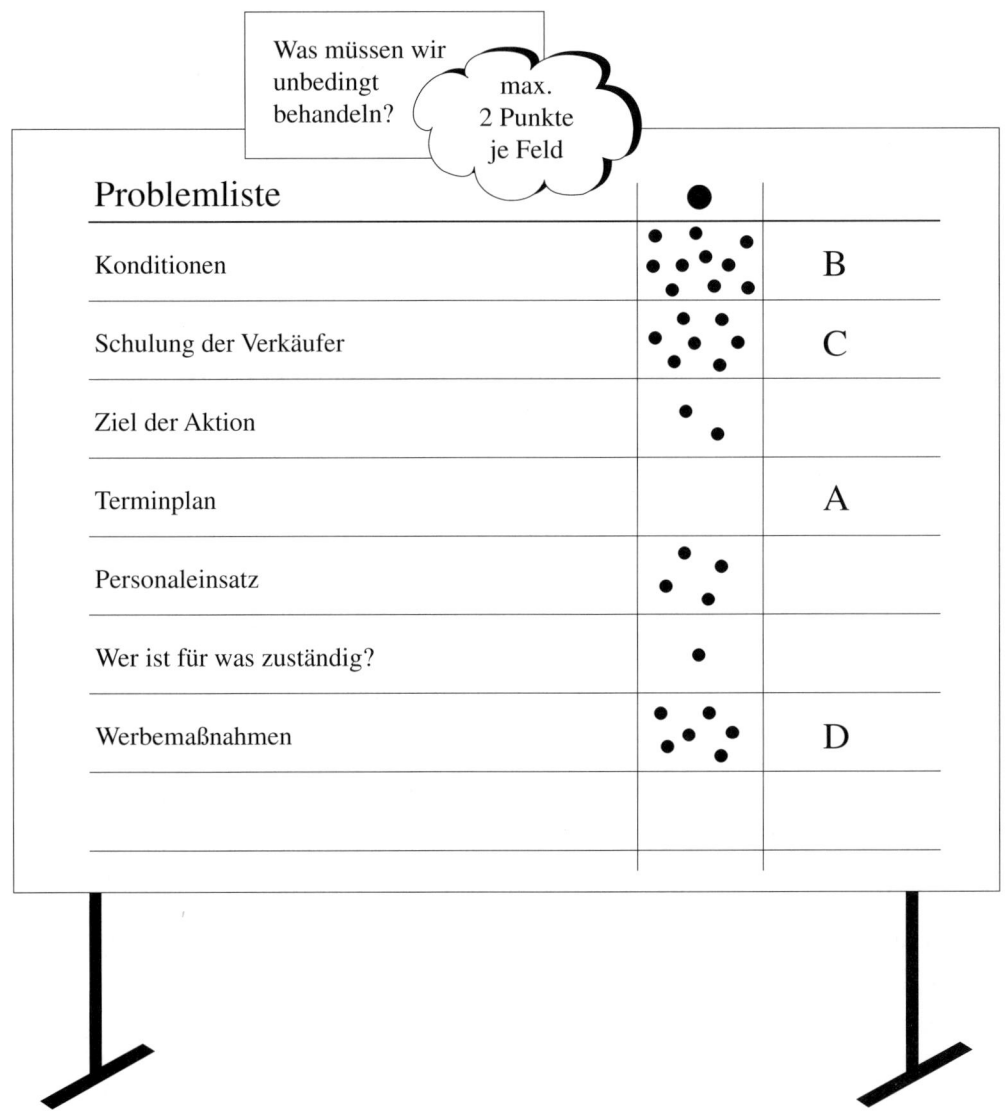

Mit der Punktabfrage kann also sehr schnell visualisiert werden, wie weit bestimmte Themen von einer Gruppe getragen werden. Diese Methode eignet sich daher auch sehr gut, um am Anfang einer Sitzung sehr schnell Schwerpunkte und Reihenfolge einer Tagesordnung festzulegen.

Ein paar kleine Tips, die Sie beim Durchführen einer Punktabfrage beachten sollten:

- Begrenzen Sie die Anzahl der Punkte, die ein Teilnehmer einem Thema zuordnen darf. (Beispiel: Jeder Teilnehmer erhält 10 Klebepunkte zum Verteilen, pro Thema darf er aber nur maximal drei Punkte kleben.)
- Das Punktekleben sollte so geschehen, daß sich die Teilnehmer nicht gegenseitig beeinflussen können. Also individuell und verdeckt „vorpunkten" lassen auf einem Zettel.
- Die Themenliste sollte nicht direkt auf das Packpapier der Pinnwand geschrieben werden, sondern auf einzelne Papierstreifen (zum Beispiel aus Flipchartpapier zurechtschneiden), die auf die Pinnwand geheftet werden. Auf diese Weise läßt sich die Liste leicht ergänzen oder umgruppieren.

Natürlich können Sie die Methode der Kartenabfrage und Punktabfrage auch mischen:

*Ergebnis einer kombinierten Karten- und Punktabfrage*

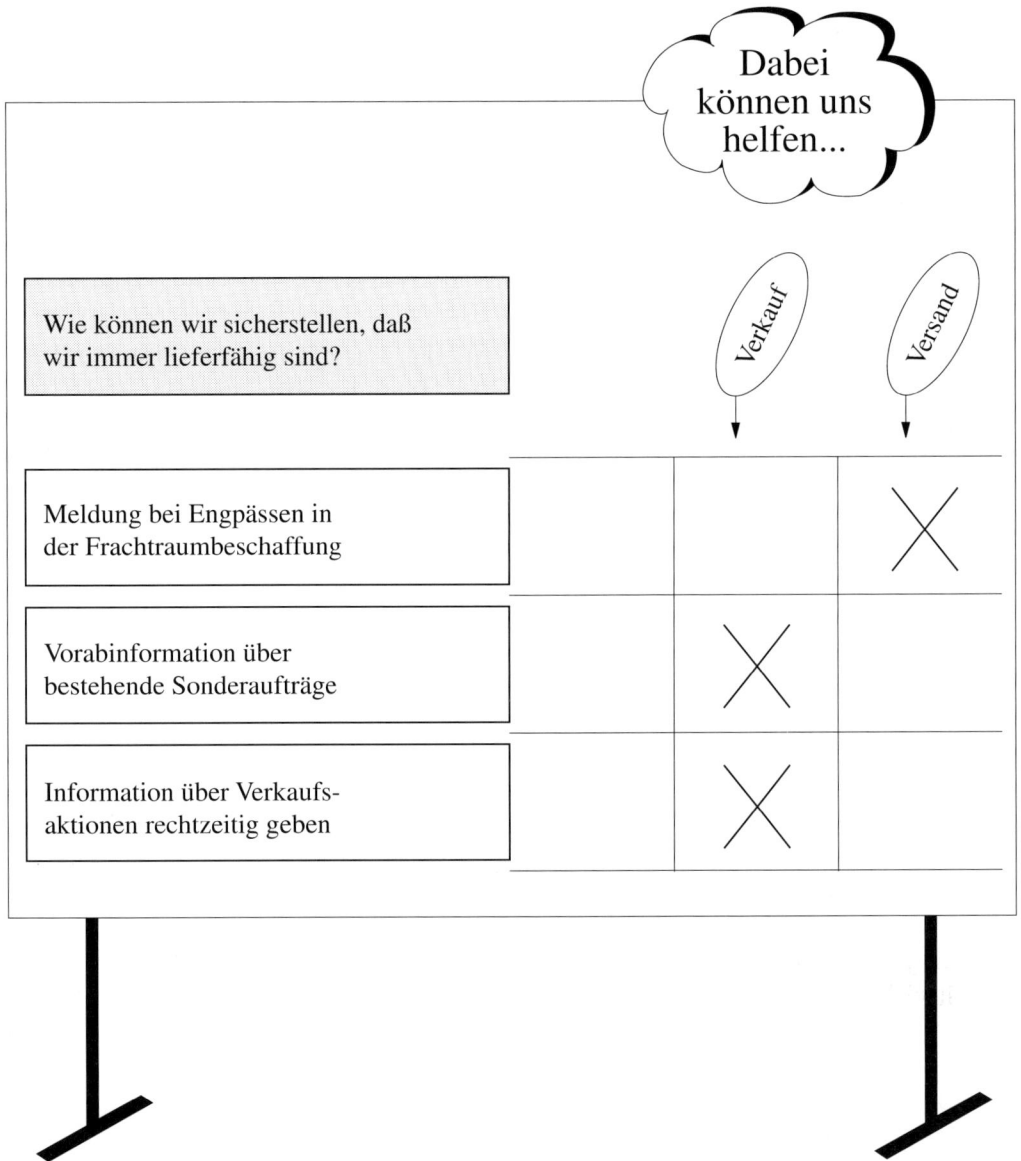

Oder Sie setzen die Punktabfrage ein, um „zwischendurch" schnell ein Stimmungsbild zu visualisieren:

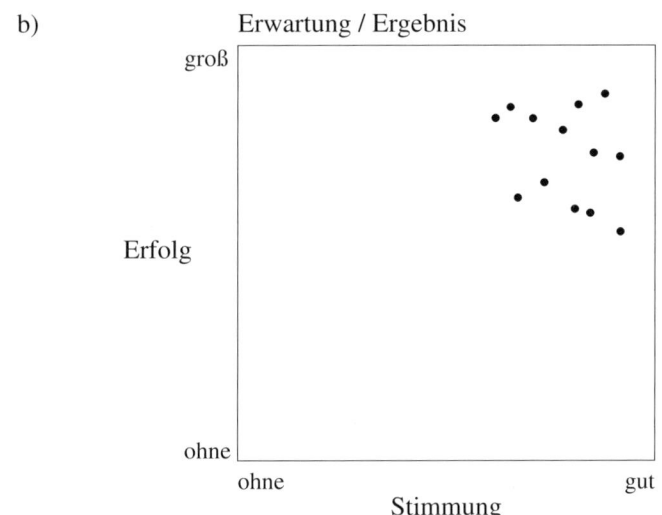

| | sehr gut | gut | noch keine Meinung | schlecht | sehr schlecht |
|---|---|---|---|---|---|
| | | | | | |

Wie gesagt – Ihrer Phantasie beim Einsatz der Pinnwand sind keine Grenzen gesetzt. Die Vorteile dieser „schriftlichen Diskussion" liegen auf der Hand:

– Durch das sichtbare Speichern von Gedanken bleiben Informationen jederzeit abrufbereit.

– Die Aufnahmebereitschaft der Teilnehmer bleibt über lange Zeit erhalten, weil jeder jederzeit aktiv an der Gestaltung des Kommunikationsprozesses mitwirkt.

– Komplexe Sachverhalte können klar und übersichtlich dargestellt und schnell neu geordnet werden.

– Auch die Meinungsvielfalt in einer Gruppe wird nicht durch das schließlich erzielte Ergebnis verdeckt, sondern der Prozeß, der zu diesem Ergebnis führte, sichtbar gemacht.

– Durch das gleichzeitige Ausfüllen von Karten oder das Punkten wird die Intensität der Kommunikation gegenüber einem reinen „Sprechkreis" vervielfacht. Die Pinnwandmethode ist die einzige Methode, die es einer Gruppe erlaubt, daß mehrere Personen gleichzeitig „sprechen", ohne sich zu stören.

– Aussagen werden vorurteilsfreier aufgenommen, weil sie unabhängig von der Person sichtbar gemacht werden.

Die positiven Folgen:

*Mehr Ideen, Anregungen, aber auch Lösungsvorschläge als bei konventionellen Diskussionsverfahren*
*Transparenz der Ergebnisse*
*Schnellere Entscheidungen auf der Grundlage von Informationen, die allen zugänglich sind*
*Identifikation der Teilnehmer mit den Ergebnissen*

Und wenn Ihre Teilnehmer weniger an „Formalien" als an Ergebnissen interessiert sind, ergibt sich noch ein weiterer Vorteil: Sie können auf das zeitraubende Anfertigen eines Protokolls verzichten, wenn Sie ein Fotoprotokoll der Pinnwand-Inhalte anfertigen und die auf DIN A4 vergrößerten Fotos an die Teilnehmer verschicken.

Mit dem transportablen Pinnwand-Kopierer (Firma Kindermann) können Sie sofort ein authentisches Fotoprotokoll im DIN-A4-Format fertigen.

# Handouts

Nach unseren Erfahrungen wird ein Medium bei Präsentationen oft vernachlässigt, das aber genau wie die übrigen behandelten Medien zum Gesamteindruck der Präsentation beträgt: die Unterlagen und Berichte, die während oder nach der Präsentation herausgegeben werden.

Insbesondere wenn von den Teilnehmern solche Unterlagen als Entscheidungsgrundlage verwendet werden, sollten Sie sie mit der gleichen Sorgfalt gestalten, die Sie auf Ihre Folien oder Charts verwenden.

Wir haben daher für Sie im folgenden Praxis-Tip die wichtigsten Punkte zusammengestellt, die Sie bei Handouts beachten sollten.

**Praxis-Tip: Gestaltung und Verwendung von Handouts**

## 1. Vorbereitung

Planen Sie einen genügend großen zeitlichen Vorlauf für das Erstellen der schriftlichen Unterlagen ein. Unterschätzen Sie dabei vor allem nicht die Zeiten für Schreiben, Zeichnen und Vervielfältigen.

Bei umfangreicheren Berichten sollte ein „Berichtsverantwortlicher" ernannt werden, der von den einzelnen Teammitgliedern die Beiträge anfordert und koordiniert.

Setzt sich die Unterlage aus Beiträgen von verschiedenen Teammitgliedern zusammen, sollte sie von einer Person redigiert werden, damit sie wie aus einem Guß erscheint. (In diesem Fall auch die Zeit für die Endredaktion einplanen!)

## 2. Inhalt

Umfangreiche Unterlagen müssen gegliedert werden. Eine typische Präsentationsunterlage enthält die Teile

– Einführung in das Problem
– Vorgehensweise
– kurze Darstellung der Ergebnisse
– Ergebnisse im einzelnen.

Untersuchte Alternativen sollten deutlich gekennzeichnet sein.

Einen besonderen Raum nimmt dabei die Kosten-Nutzen-Rechnung ein.

Nach Darstellung von Alternativen sollte die Empfehlung des Präsentationsteams sehr deutlich dargestellt sein.

Genereller Grundsatz für alle Unterlagen:

Das Wesentliche herausziehen und ganz kurz lesefreundlich darstellen.

Die Darstellung der Kerninhalte sollte nicht über den Umfang der Darstellung in der Präsentation hinausgehen. Erläuterungen besser in einen Anhang aufnehmen.

## 3. Form

Die Unterlagen sollten keine „Buchstabengräber" sein. Viele Untergliederungen machen den Text lesefreundlicher.

Die Seiten sollten nicht vollgeschrieben wirken – und vor allem Raum für Notizen lassen.

Die Inhalte, die zur Entscheidungsfindung notwendig sind, müssen besonders hervorgehoben werden.

Umfangreicheren Unterlagen müssen ein Inhaltsverzeichnis und ein Index für die Anlagen vorangestellt werden.

Die unterschiedlichen Teile sollten, wenn möglich, farblich voneinander abgesetzt werden.

Sind den Unterlagen Formulare beigefügt, dann keine Blanko-, sondern ausgefüllte Formulare verwenden.

Übersteigt der Umfang der Handouts zehn Seiten, sollten diese nicht einfach mit Heftklammern oder -streifen geheftet werden. Verwenden Sie Ringmappen oder Spiralbindungen (das kann heute jeder Copy-Shop für Sie erledigen).

## 4. Verteilung

Wenn Sie Unterlagen vor der Präsentation verschicken, gehen Sie auf jeden Fall davon aus, daß ein Großteil Ihrer Teilnehmer sie nicht gelesen hat.

Stimmen Sie den Verteiler für die Unterlagen unbedingt rechtzeitig vor der Präsentation mit den wichtigsten Entscheidern ab.

Sollen Unterlagen während der Präsentation verteilt werden, klären Sie zu Beginn den Zeitpunkt.

Wenn möglich, die Verteilung an den Schluß der Präsentation legen, sonst blättern die Teilnehmer während Ihres Vortrags in den Unterlagen und sind abgelenkt.

Teilen Sie die Unterlagen nicht einfach aus, sondern erklären Sie kurz den Inhalt und was Sie von den Lesern erwarten.

*„Wenn etwas schiefgehen kann, wird es schiefgehen!"*

*Murphys Gesetz Nr.1*

# Multi-Media-Show?
# Schlußgedanken zum Medieneinsatz

Besonders bei längeren und komplexen Präsentationen kann die ständige Verwendung des gleichen visuellen Hilfsmittels ermüdend werden. Die Kombination verschiedener Medien kann dann dazu beitragen, die Aufmerksamkeit der Teilnehmer immer wieder zu wecken.

Das sollte Sie aber nicht dazu verführen, ohne Überlegung ein Multi-Media-Feuerwerk auf Ihre Zuhörer loszulassen:

Falsch eingesetzte oder ungeschickt gestaltete Medien können auch zur Verwirrung der Teilnehmer beitragen, lenken dann von Ihrer Präsentation ab und binden die Aufmerksamkeit auf das Medium selbst und nicht auf die Inhalte, die Sie vermitteln wollen!
Vergessen Sie niemals, daß Medien Ihre Präsentation unterstützen sollen – und nicht umgekehrt:

**Medien sind kein Ersatz für ein gutes Konzept!**

*Welches Medium soll man nun wann einsetzen?*

Jedes Medium hat seine Stärken und Schwächen, seine Vor- und Nachteile, über die wir schon gesprochen haben. An dieser Stelle wollen wir daher nur noch einige Hinweise geben, wann ein Medien*wechsel* sinnvoll ist:

*Das Flipchart*     *kann der ständige Begleiter Ihrer Präsentation sein. Es ist insbesondere dann sinnvoll, wenn es darauf ankommt, daß*

209

Inhalte den Teilnehmern ständig zur Verfügung stehen, wie zum Beispiel der Gesamtüberblick über die Inhalte Ihrer Präsentation, Tagesordnungspunkte usw.

Folien      sind eher als „Punktstrahler" einzusetzen, die Einzelaspekte (im wahrsten Sinne des Wortes) beleuchten. Für einen längeren Vortrag eignen sie sich – wegen der schon beschriebenen Gefahr von Ermüdungserscheinungen von Vortragendem und Zuhörern – nicht.

Pinnwände      sollten Sie immer dann einsetzen, wenn es besonders auf die gemeinsame Entwicklung von Inhalten, auf Beteiligung, auf die „Gruppendynamik" ankommt oder wenn Sie Meinungsabfragen durchführen beziehungsweise schnell Entscheidungen herbeiführen müssen.

Bei der Auswahl sollten Sie aber auch Ihre persönlichen Neigungen nicht vergessen! Ein Medium mag für einen bestimmten Zweck theoretisch noch so gut geeignet sein – wenn Sie Schwierigkeiten haben, damit umzugehen, sollten Sie auf den Einsatz lieber verzichten. Probieren Sie daher auch aus, welches Medium Ihnen am meisten liegt.

Und schließlich: Berücksichtigen Sie bei Ihren Multi-Media-Überlegungen auch, daß jede Technik ihre Tücken hat. Je aufwendiger die eingesetzten Medien sind, desto größer ist auch die Gefahr technischer Störungen – und der Aufwand, den man für Vorbereitung und Bedienung treiben muß.

Daher wollen wir am Schluß nochmal an das Ziel Ihrer Präsentation erinnern:

**Ihr Ziel ist nicht die Bewunderung, sondern die Zustimmung Ihrer Teilnehmer!**

Und damit Sie dieses Ziel mit den eingesetzten Medien – und nicht *gegen* sie – erreichen, haben wir zum Abschluß noch einmal die wichtigsten Punkte zusammengefaßt, die Sie beim Medieneinsatz berücksichtigen sollten.

Und noch eins vom Standpunkt des Hörers/Sehers:

**Variatio delectat**
**(Abwechslung richtet auf/erfreut.)**

# Praxis-Tip: Hinweise zum Multi-Media-Einsatz

## Vorbereitung

### 1. Technik ausprobieren

Verwenden Sie niemals technische Medien, ohne sie vorher *persönlich* auszuprobieren.

*(Voraussetzung dafür ist, daß Sie sie rechtzeitig vorher besorgen!)*

Prüfen Sie nicht nur die Medien selbst, sondern auch die technischen Voraussetzungen. Dazu gehören: Steckdosen, Verlängerungskabel, Lichtverhältnisse, Ersatzbirnen, ausreichend Leerfolien, Blanko-Charts und schreibfähige Stifte.

### 2. Wirkung prüfen

Prüfen Sie, ob *alle* Teilnehmer freie Sicht auf die visuellen Hilfen haben und daß sich die Medien nicht gegenseitig behindern.

*Vorschlag für die Anordnung der Medien in einer Multi-Media-Präsentation:*

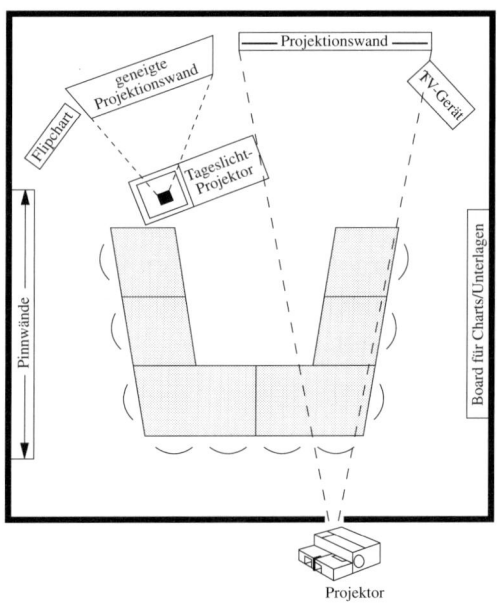

Überprüfen Sie die Wirkung von Folien, Dias und Monitor-Bildern auf Helligkeit, Schärfe und Lesbarkeit. Auch der Teilnehmer, der am weitesten entfernt ist, sollte Abbildungen gut erkennen und Texte leicht lesen können.

Legen Sie fest, wo die Charts angebracht werden sollen, die während der gesamten Präsentation sichtbar sein müssen.

### 3. Zugriff sichern

Ordnen Sie die vorbereiteten Charts, Folien, Dias usw. so, daß Sie sie im Ablauf der Präsentation schnell zur Verfügung haben.

Am besten dafür einen separaten Medien-Tisch einrichten (siehe Abbildung).

### 4. Medien-Manuskript

Machen Sie sich in Ihrem Vortragsmanuskript oder in Ihrer Stichwortliste Notizen, wo und wie Sie die vorbereiteten Medien einsetzen.

### Inhalt und Form

### 5. Wichtiges betonen

Prüfen Sie noch einmal kritisch, ob durch den Medieneinsatz Ihr Lösungsvorschlag einprägsam hervorgehoben wird.

*(Nichts ist schlimmer, als wenn das, was Sie erreichen wollen, in einem allgemeinen „Medien-Feuerwerk" untergeht!)*

### 6. Verständlichkeit und Anschaulichkeit prüfen

Stellen Sie sicher, daß Ihre visuellen Hilfen bei der Verständigung wirklich helfen und nicht ablenken.

Wichtige Voraussetzungen dafür sind:

– Pro Chart oder Folie nur *eine* Idee.
– Maximal sieben Zeilen auf einer Folie, maximal zehn Zeilen auf einem Chart.
– Eindeutigkeit der verwendeten Symbole und Abkürzungen.
  (Vor allem keine unterschiedlichen Abkürzungen für denselben Gegenstand verwenden.)

212

– Eindeutigkeit der verwendeten Farben.

(Wenn Sie zum Beispiel auf der Pinnwand die Farbe Rot für „kritische Punkte" verwenden, dann sollten Sie Ihren Lösungsvorschlag auf einem Chart nicht rot unterstreichen!)

## Gezielter Einsatz

### 7. Medienauswahl

Prüfen Sie noch einmal, ob die von Ihnen eingeplanten Medien den darzustellenden Inhalten und dem verfolgten Ziel angemessen sind.

*(zum Beispiel Folien für kurze „Highlights", Pinnwand-Techniken für aktivierende, gruppendynamische Phasen)*

### 8. Flexiblen Einsatz sicherstellen

Wenn Sie in Ihre Präsentation Diskussions- und Entscheidungsprozesse eingeplant haben, dann sehen Sie in Ihren vorbereiteten Darstellungen ausreichende Leerstellen für Entwicklungsmöglichkeiten und Ergänzungen gemeinsam mit den Teilnehmern vor.

### 9. „Timing"

Zeigen Sie visuelle Hilfen erst dann, wenn Sie „an der Reihe" sind. Setzen Sie sie nur so lange ein, wie auf sie Bezug genommen wird.

*(Den Projektor ausschalten, wenn eine Folie nicht mehr gebraucht wird. Das Flipchart-Blatt umschlagen oder leere Blätter zum Abdecken einplanen, damit die Teilnehmer nicht durch die folgende Darstellung abgelenkt werden. Pinnwände mit vorbereiteten Darstellungen so lange abhängen oder zur Wand drehen, bis sie benötigt werden.*

*Wenn Charts als Hilfsmittel für die Gliederung und den Ablauf der Präsentation verwendet werden, dann sollte das entsprechende Blatt allerdings die ganze Zeit über sichtbar sein.)*

### 10. Einsatz von Mustern, Modellen und Handouts

Muster und Modelle nicht während der Präsentation herumreichen, sondern bei der Erklärung hochhalten und danach Pause zum „Anfassen" einplanen.

Müssen Handouts während der Präsentation verteilt werden, ausreichend Zeit zum Lesen lassen.

### Rhetorische Hinweise

### 11. Pausen machen

Nach einem Folien-, Chart- oder Diawechsel immer eine kurze Pause machen, damit die Teilnehmer die Darstellung ohne Ablenkung aufnehmen und verarbeiten können.

Bei komplexeren Darstellungen vorher die Grobstruktur erläutern, bevor auf Einzelheiten eingegangen wird.

### 12. Verständnis prüfen

Prüfen Sie insbesondere bei technischen Zeichnungen, Ablaufplänen, statistischen Darstellungen usw., ob diese richtig erkannt und verstanden werden.

Unbekannte Abkürzungen und Symbole immer zuallererst erläutern.

### 13. Stimme variieren

Beim Medieneinsatz ist die Aufmerksamkeit Ihrer Teilnehmer zwischen Ihnen und den visuellen Hilfen geteilt. Sie sollten daher eindringlicher (lauter *oder* leiser!), langsamer und noch deutlicher sprechen.

*Bei abgedunkeltem Raum (zum Beispiel bei einer Dia-Vorführung) ist eine größere Lautstärke erforderlich, denn ohne Sichtkontakt nimmt auch die Hörbarkeit ab!*

### 14. Kontakt halten

Vergessen Sie schließlich nicht, daß Ihre Darstellungen kein Selbstzweck sind, sondern *Reaktionen* bei Ihren Teilnehmern auslösen sollen.

Daher: Sehen Sie Ihre Zuhörer an und sprechen Sie zu *ihnen* (und nicht etwa zum Flipchart oder zur Leinwand)!

# Anhang: Seminarablaufplan

Wir haben uns bemüht, in diesem Buch an Sie die Erfahrungen weiterzugeben, die wir im Verlauf vieler Präsentationen und Seminare gewonnen haben. Aber wir wissen natürlich auch, daß ein Buch niemals die persönliche Erfahrung, die Übung ersetzen kann.

Für alle, die sich für unsere praktische Arbeit interessieren (entweder als möglicher Teilnehmer unserer Seminare oder als Trainer-Kollege), stellen wir im folgenden den Ablauf unseres Seminars „Präsentationstechnik" vor.

Schreiben Sie uns oder rufen Sie uns an, wenn Sie darüber weitere Informationen möchten:

Wirtschaftspädagogisches Institut (WPI)
Adelheidstraße 13, 3000 Hannover 1
Telefon (0 511) 85 45 35

## Gekonnte Präsentation von Arbeitsergebnissen
### – Seminarablaufplan –

| lfd. Nr. | Thema | Zeit Min. | Methode | Medien | Was die Teilnehmer wissen, beherrschen und anwenden | Inhalt |
|---|---|---|---|---|---|---|
| 1 | Begrüßung Organisation | 15 | Kurzinformation | Flipchart | Die TN kennen die Tagungsstätte und fühlen sich wohl. | Wo wir sind; Zeitablauf des Seminars, Pausengestaltung, Getränkeregelung, Zimmerfragen, Freizeitgestaltung, etc. |
| 2 | Marktgespräch | 45 | Zweiergespräch | – – – | Die TN sind sich näher gekommen, Vertrauen ist aufgebaut. | – – – |
| 3 | Seminar-Ziele | 10 | Kurzvortrag | Pinnwand | Die TN kennen die Ziele des Seminars. | Was wir tun wollen! 1. Der Präsentator • Angst und Lampenfieber • optische und akustische Wirkung 2. Sender-/Empfängerstörungen 3. Die TN der Präsentation 4. Präsentationsstrategie 5. Materialien und Mediengestaltung 6. Präsentationsprozeß |
| 4 | Erwartungen der TN | 20 | Moderation | Pinnwände mit Zubehör | Die TN kennen die gemeinsamen Erwartungen. | Kartenabfrage |
| 5 | 1.PAUSE | 90 | | | | |

| lfd. Nr. | Thema | Zeit Min. | Methode | Medien | Was die Teilnehmer wissen, beherrschen und anwenden | Inhalt |
|---|---|---|---|---|---|---|
| 6 | Vorstellung der TN | 45 | Kurzvortrag | nach Wahl der TN, Video-Anlage | Die TN erleben positives und negatives Präsentationsverhalten. | – Wer und was bin ich!<br>– Welche Erfahrungen habe ich mit Präsentationen! |
| 7 | Play-back mit Gruppen-Feed-back | 45 | Lehrgespräch | Video-Anlage Folienprojektor Pinnwand Flipchart | Die TN kennen die Spielregeln des Feed-back und wenden diese an. Die TN kennen einen Teil ihrer Ängste; sie wissen wie Angst entsteht und können dagegen angehen. | – Was ist ein Feed-back? Was mit Feed-back erreicht werden soll. „Feed-back-Spielregeln" angeborene und soziale Minderwertigkeit; Entstehung von Angst; Umgang mit Angst, Lampenfieber und Nervosität. Techniken der Abhilfe; Überwindung von Schwierigkeiten |
| 8 | 2. P A U S E | 90 | | | | |
| 9 | Fortsetzung Nr. 7 | 90 | wie Nr. 7 | wie Nr. 7 | Die TN erleben ihre optische und aktustische Wirkung beim Präsentieren. Sie erkennen ihre Stärken und Schwächen. | „Vertrauen wirkt Wunder!"<br>– Womit der Präsentierende wirkt:<br>• optisch durch …<br>• akustisch durch …<br>Bedeutung von Augenkontakt Bedeutung von Gesten |
| 10 | 3. P A U S E | 90 | | | | |
| 11 | Beispiele für Präsentationen der TN | 15 | Kartenabfrage Lehrgespräch | Pinnwand und Zubehör Overhead-Projektor | Warum wir präsentieren! Was wir mit einer Präsentation erreichen wollen. | – Präsentationsbeispiele<br>– Ideen müssen „verkauft" werden durch Überzeugung der Zuhörer.<br>– Eine Problemlösung soll entscheidungsreif gemacht werden. |

| lfd. Nr. | Thema | Zeit Min. | Methode | Medien | Was die Teilnehmer wissen, beherrschen und anwenden | Inhalt |
|---|---|---|---|---|---|---|
| 12 | Präsentations-strategie | 10 | Lehrgespräch | Overhead-Projektor Pinnwand | Die TN kennen die Schritte der Präsentationsstrategie und wissen um die Bedeutung der optimalen Vorbereitung. | Die wichtigsten Punkte der Präsentationsstrategie:<br>• Aufgabenerfassung<br>• Analyse, Problemdefinition<br>• Entwicklung der Lösung<br>• Präsentation der Lösungs-vorschläge |
| 13 | Medien- und Materialien-schau | 15 | TN-Übungen und Diskussion | alle | Die TN kennen die gebräuch-lichsten Medien und Materialien. | Besichtigung mit Kurzübungen an bereitgestellten Geräten und Materialien:<br>Schriftsetzgerät<br>Schreibmaschine Olympic-Elektr.<br>Thermokopiergerät<br>Thermokopierfolien<br>Schreibfolien/-Stifte<br>Farbfolien/Unterlegtechnik<br>Pinnwand/-Karten |
| 14 | Ein Bild sagt mehr als 1000 Worte | 45 | TN-Übung (Einzelarbeit) Fallbeispiel | nach Wahl des einzelnen TN | Die TN wissen, daß „nur Texte" eine geringere Ge-dächtnisleistung erbringen als „Bild und Wort". Sie kennen die Einsatzmög-lichkeiten mehrerer Medien und haben Erfahrung im Um-gang mit verschiedenen Prä-sentations-Materialien. | Fallstudie Energiereserven |

| lfd. Nr. | Thema | Zeit Min. | Methode | Medien | Was die Teilnehmer wissen, beherrschen und anwenden | Inhalt |
|---|---|---|---|---|---|---|
| 15 | Organisation d. Präsentationsorts | 5 | Lehrgespräch | Overhead-Projektor<br>Pinnwand<br>Video-Anlage<br>Flipchart<br>Dia-Projektor<br>Film-Projektor | Die TN kennen die organisatorischen Voraussetzungen und wissen, wie die Umgebung das Ergebnis beeinflußt. | Die Einrichtung des Präsentationsortes:<br>• Anordnung der Tische/Stühle<br>• Aufstellung der Medien<br>• Sicherung der Funktionsfähigkeit |
| 16 | 4. P A U S E | 90 | | | | |
| 17 | Die Präsentation als Kommunikationsprozeß | 15 | Lehrgespräch | Pinnwand<br>Overhead-Projektor | Die TN kennen die wichtigsten Kommunikationsbarrieren und wissen, wie sie überwunden werden können. | Die Präsentation als empfängerorientierte Kommunikation mit Rückkopplung.<br>• Versagen durch Sender-/Empfängerstörungen<br>• Kommunikationsbarrieren und deren Überwindung |
| 18 | Vorbereitung d. 2. TN-Präsentation | 30 | Einzelarbeit | nach Wahl der TN | Die TN verwenden bei ihrer nächsten Präsentation kommunikationstechnisch richtige Medien und erreichen Rückkopplung mit ihren Zuhörern. | Optimierung der vorbereiteten Präsentation hinsichtlich:<br>• Mediengestaltung und<br>• Präsentationsstrategie |

| lfd. Nr. | Thema | Zeit Min. | Methode | Medien | Was die Teilnehmer wissen, beherrschen und anwenden | Inhalt |
|---|---|---|---|---|---|---|
| 19 | Präsentationen der TN | 45 | Präsentation | nach Wahl der TN und Video-Anlage | Die TN wissen, wie sie bei ihren Zuhörern angekommen sind. Sie kennen ihre Stärken und die wichtigsten Schwächen ihres Präsentationsverhaltens. Sie erleben positive und negative Präsentationsbeispiele und werden diese bei ihren Präsentationen berücksichtigen. | |
| 20 | 5. P A U S E | 90 | | | | |
| 21 | Play-back/ Feed-back d. TN-Präsentat. | 90 | Lehrgespräch | Video-Anlage | | – Wie ich mich fühlte!<br>– Wie habe ich gewirkt?<br>– Bin ich bei den TN „angekommen"?<br>– Was war gut?<br>– Was müßte ich besser machen?<br>– Was muß ich unbedingt vermeiden?<br>– Welche positiven Beispiele sollte ich auf meine Praxis übertragen? |
| 22 | 6. P A U S E | 90 | | | | |

220

| lfd. Nr. | Thema | Zeit Min. | Methode | Medien | Was die Teilnehmer wissen, beherrschen und anwenden | Inhalt |
|---|---|---|---|---|---|---|
| 23 | Analyse der Adressaten | 15 | Lehrgespräch | Overhead-Projektor Pinnwand | Die TN wissen, daß „Nutzen und Vorteile" für unsere Zuhörer von Interesse sind. Sie wissen, wie sie die Erwartungshaltungen der Zuhörer und die möglichen Interessenkonflikte in Erfahrung bringen. | Analyse der Adressaten als Voraussetzung für den Präsentationserfolg. |
| 24 | Übung: „Adressatenanalyse" | 30 | Gruppenarbeit | nach Wahl der TN | Die TN wissen, warum eine Adressatenanalyse unerläßlich ist. Sie wissen, welche wichtigen Punkte warum enthalten sein müssen. | je nach Ausarbeitung durch die einzelnen Gruppen X |
| 25 | Vorbereitung einer Gruppenpräsentation | 30 | Gruppenarbeit | nach Wahl der TN | Die TN verstehen es, ein Gruppenarbeitsergebnis in eine „zuhörerbezogene" Präsentation umzusetzen. | Warum eine Adressatenanalyse unerläßlich ist und welche Punkte sie enthalten muß. |
| 26 | 7. P A U S E | 75 | | | | |
| 27 | Gruppen-präsentation | 45 | Präsentation | nach Wahl der TN | siehe 24 | siehe 24 |

221

| lfd. Nr. | Thema | Zeit Min. | Methode | Medien | Was die Teilnehmer wissen, beherrschen und anwenden | Inhalt |
|---|---|---|---|---|---|---|
| 28 | Checkliste zur Vorbereitung einer Präsentation | 45 | Kartenabfrage/ Moderation | Pinnwand | Die TN kennen den Nutzen einer Checkliste. Sie wissen, welcher organisatorische Rahmen und welche Informationen erforderlich sind. | – Welches Ziel<br>– Welche TN (individuell!)<br>– Abstimmung mit Beteiligten<br>– geeignete Hilfsmittel<br>– Stichwortsammlung<br>– öffnende Einleitung/ nachwirkender Schluß<br>– Arbeitsmaterial/Hilfsmittel<br>– räumliche Verhältnisse |
| 29 | 8. P A U S E | 90 | | | | |
| 30 | In welchem zeitlichen Verhältnis steht d. Präsentationsdauer zur Vorbereitung? Wie sollte der zeitl. Ablauf einer Präsentation gestaltet sein? | 10 | Lehrgespräch | Flipchart Overhead-Projektor | Die TN sind bereit, für die Vorbereitung einer Präsentation eine angemessen hohe Zeit einzuplanen. Sie kennen den zeitlichen Ablauf einer Präsentation und sehen eine ausreichend lange Zeit für die Diskussion vor. | – Dauer der Vorbereitung zur Dauer der Präsentation unter rücksichtigung von Komplexität und Schwierigkeitsgrad der Idee<br>– Zeitlicher Ablauf der Präsentation<br>• Einleitung<br>• Hauptteil<br>• Abrundung<br>• Diskussion<br>• Schluß |
| 31 | Vorbereitung der 3-TN-Präsentation | 30 | Einzelarbeit | nach Wahl der TN | Die TN benutzen für zukünftige Präsentationen vorbereitete Checklisten. Sie kennen die zur Präsentation erforderlichen Vorbereitungsaufgaben einschl. der erforderlichen Zeit. | – Beachtung der Checklist-Punkte<br>– Optimierung der vorbereiteten Präsentation hinsichtlich<br>• Präsentationsstrategie<br>• Mediengestaltung |

| lfd. Nr. | Thema | Zeit Min. | Methode | Medien | Was die Teilnehmer wissen, beherrschen und anwenden | Inhalt |
|---|---|---|---|---|---|---|
| 32 | TN-Präsentation und Feed-back | 50 | Präsentation Lehrgespräch | nach Wahl der TN Beurteilungsbogen | Die TN kennen ihr persönliches Präsentationsverhalten. Sie kennen die Vorbedingungen für erfolgreiches Präsentieren und beherrschen den Präsentationsprozeß. | – Originalität von Anfang und Schluß<br>– Deutlichkeit der Stimme<br>– Blickkontakt<br>– Gesten<br>– Hilfsmittel und Medieneinsatz usw. |
| 33 | 9. P A U S E | 90 | | | | |
| 34 | Fortsetzung Nr. 32 | 45 | siehe Nr. 32 | siehe Nr. 32 | siehe Nr. 32 | siehe Nr. 32 |
| 35 | Abschluß des Seminars<br>– Rückblick u. Zusammen-<br>– Seminarvereinbarung | 30 | Lehrgespräch | Pinnwände Overhead-Projektor Flipchart | Die TN können, wollen und werden erfolgreich präsentieren. Sie werden bestimmte, schriftlich festgehaltene Punkte in die eigene Präsentationspraxis bevorzugt übernehmen. | – Was fehlt?<br>– Sind die Erwartungen erfüllt?<br>– Was ich für meine Praxis übernehmen werde! |
| 36 | – Schriftl. Beurteilung<br>– Abschluß-statement der TN | 15 | Einzelarbeit Blitzlicht | Beurteilungsbogen | Veranstalter und Referent wissen, wie sie bei den TN angekommen sind. TN, Veranstalter und Referent kennen die gegenseitige Stimmungslage und erkennen den Erfolg des Seminars. | – Beurteilungskriterien für Seminare<br>– Wie es war!<br>– Wie ich mich fühle! |
| | | 90 | | | | |

# Literaturhinweise

Carl Ammelburg:
Erfolgreich reden leicht gemacht; Frankfurt 1974

Uwe Böning:
Moderieren mit System; Wiesbaden 1991

B. Feuerbacher:
Fachwissen prägnant vortragen; Heidelberg 1985

R. Fisher/W. Ury:
Das Harvard-Konzept; 9. Auflage Frankfurt/M. 1990

Rainer Kirsten/Jo Müller-Schwarz:
Gruppen-Training; Reinbek 1990

Rupert Lay:
Dialektik für Manager; München 1974

Eberhard Schnelle:
Metaplan-Gesprächstechnik – Kommunikationswerkzeug für planende und lernende Gruppen; Metaplan-Reihe, Heft 2
(Dieses und die beiden folgenden Hefte sind zu beziehen durch: Metaplan Gesellschaft für Planung und Organisation mbH, Goethestraße 16, 2085 Quickborn)

Telse Schnelle-Cölln:
Visualisierung – die optische Sprache für problemlösende und lernende Gruppen; Metaplan-Reihe, Heft 6

Wolfgang Schnelle/Inga Stoltz:
Interaktionelles Lernen – Leitfaden für die Moderation lernender Gruppen; Metaplan, Quickborn 1978

Frederic Vester:
Denken, Lernen, Vergessen; Stuttgart 1978

Gene Zelazny:
Wie aus Zahlen Bilder werden; 2. Auflage Wiesbaden 1989

# Die Autoren

*Uli Müller-Schwarz*, Diplom-Ingenieur, Jahrgang 1956, nach den Studien von Kunstgeschichte und Architektur in Projekten für Institute und Planungsbüros tätig. Die Anforderungen an gekonnte Präsentationen für Software-Schulungen lernte er in einer marketingorientierten Weiterbildung kennen. Management-Training lernte und leistet er im WPI-Wirtschaftspädagogischen Institut, Hannover. Hier ist er in der Geschäftsführung und leitet Kommunikations- und Methoden-Trainings.

*Bernhard Weyer*, Diplom-Ingenieur, Jahrgang 1936, war nach seinem Studium zunächst als Entwicklungsingenieur im Flugzeugbau tätig. Seine weiteren beruflichen Schritte führten ihn zum Training: zunächst als Leiter einer Stabsabteilung Personaleinsatzplanung, dann als Leiter der Personalentwicklung und Weiterbildung. Er ist heute Personalleiter eines Konzern-Unternehmens.

# Stichwortverzeichnis

# Aus unserem Programm:

# Aus unserem Programm:

Gilbert J. B. Probst / Peter Gomez
**Vernetztes Denken**
Unternehmen ganzheitlich führen
1989, X, 239 Seiten, 52,– DM

Hans-Christian Riekhof (Hrsg.)
**Strategien der
Personalentwicklung**
2. Aufl. 1989, 416 Seiten, 89,– DM

Manfred R. A. Rüdenauer
**Ökologisch führen**
Evolutionäres Wachstum
durch ganzheitliche Führung
1991, 320 Seiten, 68,– DM

Wolfgang Saaman
**Effizient führen**
Mitarbeiter erfolgreich machen
1990, 193 Seiten, 68,– DM

Thomas Sattelberger (Hrsg.)
**Innovative Personalentwicklung**
Grundlagen, Konzepte, Erfahrungen
2. Aufl. 1991, 344 Seiten, 72,– DM

Gerhard Sauerbrey
**Logistisch denken**
Perspektiven für die Organisation
von morgen
1991, 144 Seiten, 58,– DM

Christian Scholz / Wolfgang Hofbauer
**Organisationskultur**
Die vier Erfolgsprinzipien
1990, 229 Seiten, 68,– DM

Dieter Schulz / Wolfgang Fritz /
Dana Schuppert / Lothar J. Seiwert
**Outplacement**
Personalfreisetzung und Karrierestrategie
1989, 180 Seiten, 64,– DM

Gerhard Schwarz
**Konfliktmanagement**
Sechs Grundmodelle der Konfliktlösung
1990, 191 Seiten, 68,– DM

Hans Strutz (Hrsg.)
**Handbuch Personalmarketing**
1989, 708 Seiten, 228,– DM

Jörn F. Voigt
**Die vier Erfolgsfaktoren
des Untenehmens**
Adaption, Funktion, Kommunikation,
Motivation
1988, 202 Seiten, 64,– DM

Zu beziehen über den Buchhandel
oder den Verlag.
Stand der Angaben und Preise: 1.7.1991
Änderungen vorbehalten.

## GABLER
**BETRIEBSWIRTSCHAFTLICHER VERLAG DR. TH. GABLER TAUNUSSTRASSE 54, 6200 WIESBADEN**